行っておきたい

関西・幕末維新の史跡50選

文❖木村幸比古
写真❖三村博史

淡交社

行っておきたい　関西・幕末維新の史跡50選　目次

兵庫

奈良

滋賀

和歌山

【写真協力者】 五十音順
大阪城天守閣（52頁上）・桑原英文（96頁下）・城南宮（40頁）・つたや旅館（91頁）・奈良県立美術館（100頁）・三菱重工業株式会社（84頁）・元離宮二条城事務所（20頁上）・横浜開港資料館（64頁下）・霊山歴史館（112頁下ほか）

【凡例】
・アクセスマップは各遺跡から最も近い交通機関からの所要時間を紹介しています。
・情報欄は諸事情によって変更の可能性もあります。あらかじめ電話やSNSで確認されることをおすすめします。

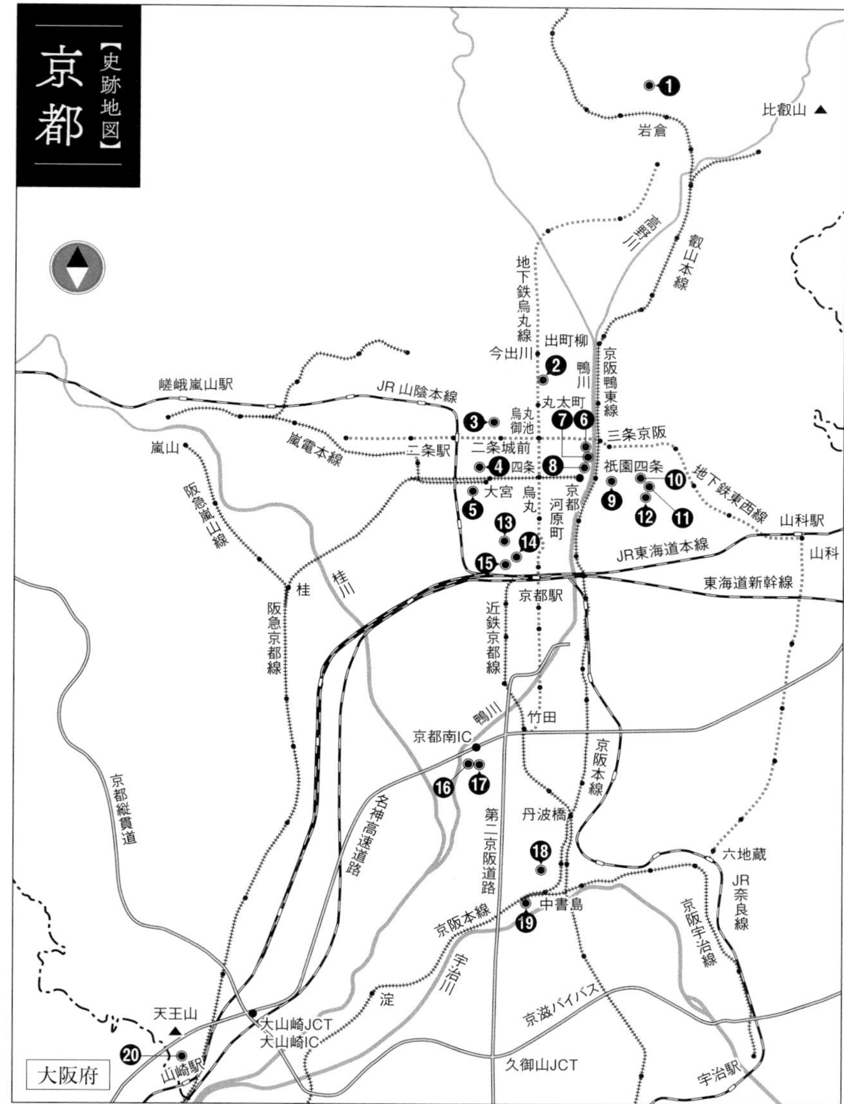

❶岩倉具視幽棲旧宅（15·17頁）
❷蛤御門（14·16頁）
❸二条城二の丸御殿（18·20頁）
❹六角獄舎跡（18·20頁）
❺壬生屯所旧跡八木邸（19·21頁）
❻池田屋騒動之址碑（22·24頁）
❼酢屋（23·25頁）
❽近江屋跡 坂本龍馬·中岡慎太郎遭難之地碑（23·25頁）
❾一力（26·28頁）
❿円山公園　坂本龍馬·中岡慎太郎銅像（26·28頁）
⓫京都霊山護國神社（27·29頁）
⓬霊山歴史館（27·29頁）
⓭西本願寺 太鼓楼（30·32頁）
⓮本光寺（31·33頁）
⓯新選組不動堂村屯所跡碑（30·32頁）
⓰小枝橋（38·37頁）
⓱城南宮（39·40頁）
⓲寺田屋（34·36頁）
⓳伏見港公園（35·36頁）
⓴十七烈士の墓（59·61頁）

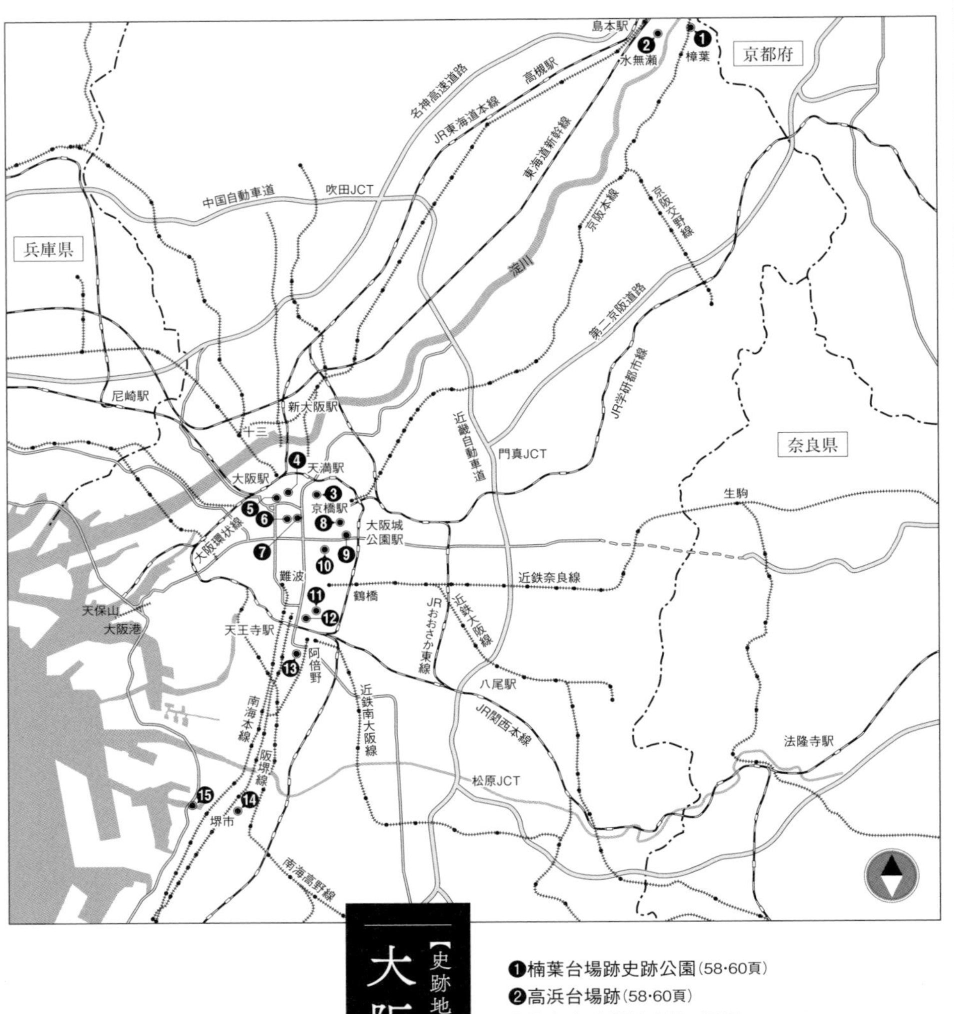

大阪【史跡地図】

1. 楠葉台場跡史跡公園（58・60頁）
2. 高浜台場跡（58・60頁）
3. 龍海寺 大村益次郎の足塚（43・45頁）
4. 本傳寺 谷三兄弟の墓（46・48頁）
5. 蜆橋跡（46・48頁）
6. 適塾（42・44頁）
7. 花外楼（47・49頁）
8. 大阪城天守閣の号砲（50・52頁）
9. 城中焼亡埋骨墳（51・53頁）
10. 大村益次郎卿殉難報国碑（43・45頁）
11. 四天王寺 高橋多一郎父子の墓（54・56頁）
12. 一心寺 東軍戦死者招魂碑・会津藩士の墓（54・57頁）
13. 大阪南霊園 長州藩死節群士之墓（55・56頁）
14. 妙國寺（63・64頁）
15. 旧堺港の標柱石（62頁）

日本海
城崎
豊岡
養父
JR山陰本線
鳥取県
和田山IC
福知山
京都府
京都縦貫道
舞鶴若狭道
朝来IC
生野IC
岡山県
JR播但線
播但連絡道
中国自動車道
福崎IC
山陽自動車道
大阪府
姫路
神戸
明石
播磨灘
大阪湾
淡路島

❶桂小五郎再生之地跡碑(90・92頁)
❷山口護国神社(87・89頁)
❸生野義挙趾の碑(86・88頁)

兵庫【史跡地図】

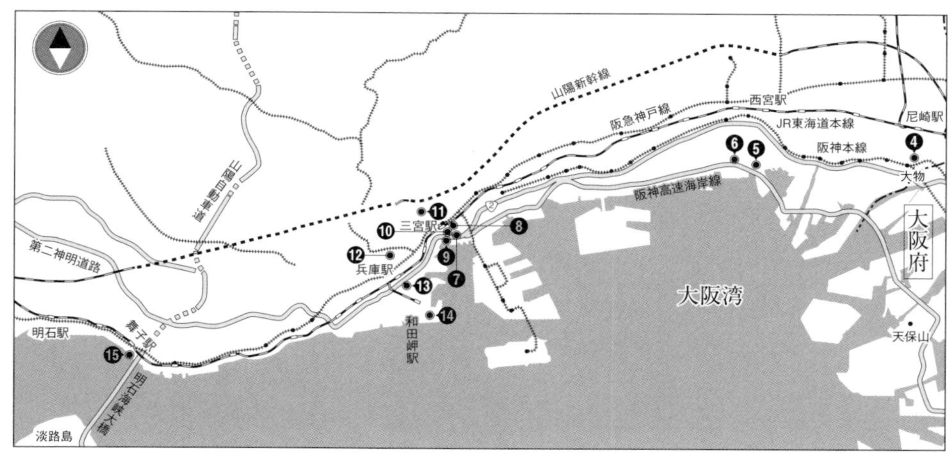

❹残念さんの墓(山本文之助墓所)(66・68頁)
❺今津海岸砲台記念石(67・69頁)
❻西宮砲台(67・69頁)
❼神戸海軍操練所跡碑・みなと公園(74・76頁)
❽三宮神社(71・73頁)
❾旧神戸居留地十五番館(70・72頁)
❿神戸外国人居留地碑(70・72頁)
⓫諏訪山公園 海軍営之碑(74・77頁)
⓬湊川神社 楠木正成墓所(78・80頁)
⓭能福寺 ジョセフ・ヒコの英文碑(79・81頁)
⓮和田岬砲台(82・84頁)
⓯明石藩舞子台場跡(83・85頁)

滋賀【史跡地図】

❶川瀬太宰邸跡碑(110･112頁)
❷梅田雲浜湖南塾址碑(111･113頁)
❸史跡 草津宿本陣(114･116頁)
❹金剛輪寺 水雲閣(115･117頁)
❺金亀公園 井伊直弼銅像(119･120頁)
❻埋木舎(118･120頁)

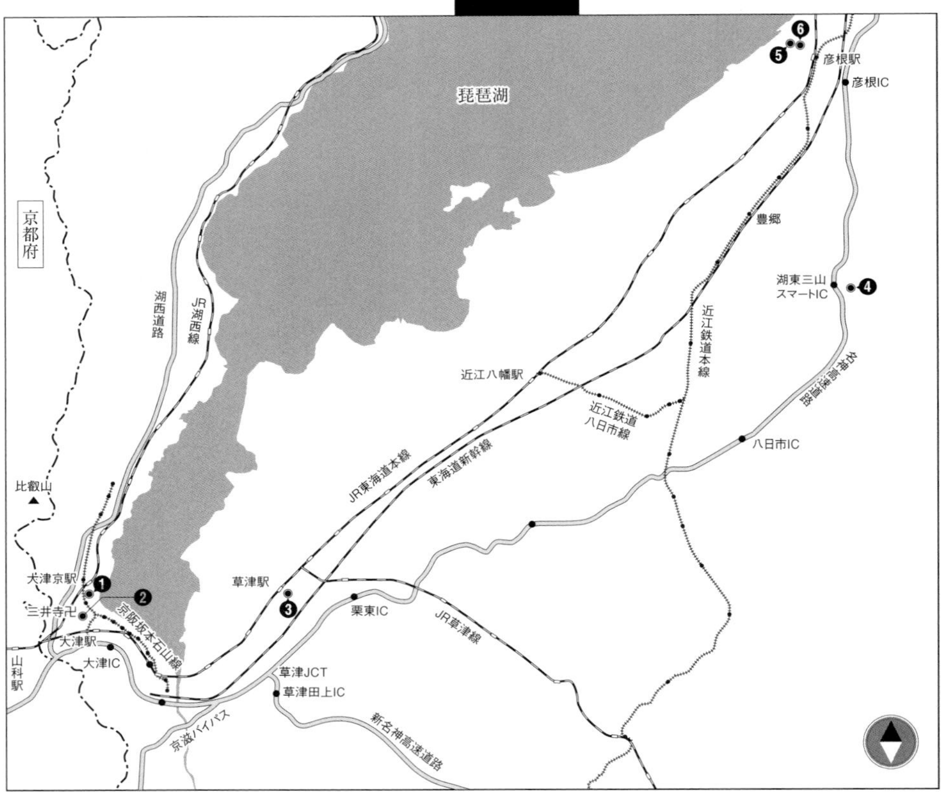

奈良【史跡地図】

❶興福寺 植桜楓之碑（94・96頁）
❷北畠男爵家旧邸（99・101頁）
❸駒塚古墳（99・101頁）
❹内山永久寺跡（98・100頁）
❺冷泉為恭終焉の地碑（98・100頁）
❻神武天皇陵（95・97頁）
❼橿原神宮（95・97頁）
❽天誅組終焉の地（吉村寅太郎原瘞處　103・105頁）
❾櫻井寺（102・104頁）
❿五條代官所跡（五條市役所　102・104頁）
⓫十津川村歴史民俗資料館（106・108頁）
⓬文武館創設地記念碑（106・108頁）

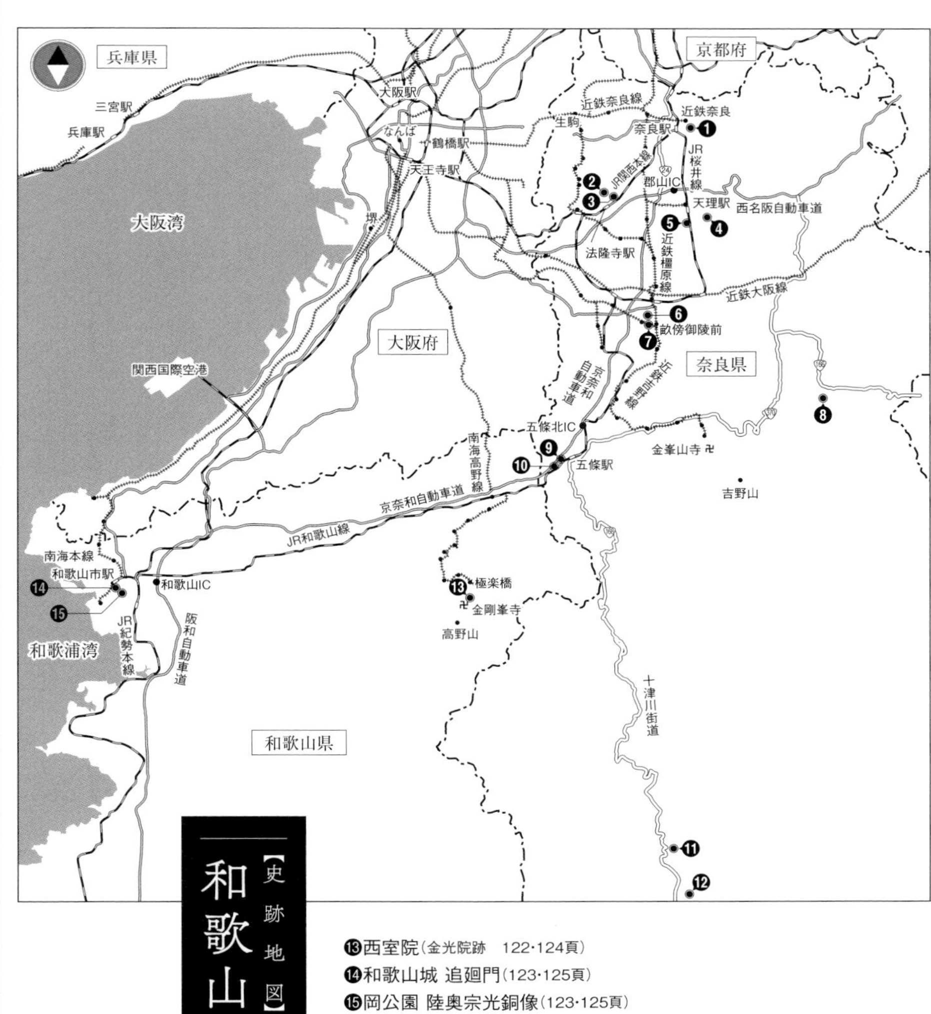

和歌山【史跡地図】

⓭西室院（金光院跡　122・124頁）
⓮和歌山城 追廻門（123・125頁）
⓯岡公園 陸奥宗光銅像（123・125頁）

はじめに

幕末維新の史跡を訪ねると、日本史のみならず、世界史が垣間見えた。

黒船来航から王政復古の大号令まで十五年、さらに西南戦争まで十年であり、近代日本の祖型は四半世紀で出来上がった。

黒船来航（嘉永六年〈一八五三〉）の約十年前に佐賀藩は、いち早く長崎出島のオランダ人から西洋の軍事技術について教えられ、その必要を痛感してその技術を導入。反射炉を築いて大砲を鋳造し、藩所有の火縄銃はすべて西洋銃に替え、長崎郊外の島には大砲五十四門を据えた。のちに長州の大村益次郎はこの近代兵器を大いに活用して、慶応四年（一八六八）五月の上野戦争に勝利し、京都に兵学寮を設立する構想をふくらませた。佐賀藩の例をみてもわかるように、本来日本には鎖国政策はあったが、完璧な鎖国は存在しなかったことである。幕府は長崎の出島でオランダと交易政策を推進し、西南の各藩は長崎に藩屋敷を構えていた。

幕府は将軍継嗣問題で大老職を越前・福井藩主の松平春嶽に打診したところ固辞され、彦根藩主の井伊直弼が名実ともに適任と十三代将軍の家定が推したことで、安政五年（一八五八）五月、大老に就任した。次期将軍職について、老中首座の阿部正弘はじめ島津斉彬（なりあきら）らは一橋慶喜を推したが、井伊大老は将軍の血縁である紀州藩の徳川慶福（よしとみ）を推し、老中や大奥の将軍婦人にも協力をもとめ、十四代将軍家茂が誕生した。

井伊にとっての難題は開国問題であった。黒船来航の第一発見者は彦根藩相州預所である三崎町の漁民・嘉平次で、井伊は黒船を身近に感じていた。鎖国か開国かの議論が沸騰する中、諸大名は日和見（ひよりみ）で井伊は苦渋の選択を余儀なくされ、孝明天皇の勅許なしで、日米修好通商条約に調印。これに反発した公卿・大名・志士らに対し、井伊は強権をもって安政の大獄を実施し弾圧した。その結果安政七年三月、井伊は水戸藩・薩摩藩の志士たちによって暗殺される（桜田門外の変）。

変後、幕府の求心力と権威は墜ちて朝廷の権力を借りなければ幕府は維持できなくなり、文久元年（一八六一）、皇女和宮が将軍家茂へ降嫁し、公武合体の道を選んだ。朝廷は攘夷派公卿や長州の勢力が牛耳っていたが、文久三年の八・一八の政変で攘夷勢力が挫折。天誅組の変、生野の変が起こった。政治の舞台は江戸から京都、商業の舞台も長崎から大坂へ移りつつあった。

開国後、頻繁にやってくる列強各国から大坂湾周辺の海岸を防衛するため、軍艦奉行となった勝海舟が沿岸周辺や淀川の台場（砲台）築造を担当する。海舟は佐藤政養（まさやす）を教官にして元治元年（一八六四）五月、神戸に海軍操練所や私塾の勝塾を開き、坂本龍馬をはじめ、各藩の人材に海軍術を教授、取得させた。

長州藩はその後、武力討幕に終始するあまり、元治元年（一八六四）六月の池田屋事件、同年七月の禁門の変で大敗。藩主も柔軟な姿勢を貫いたため藩論が統一できず、おびただしい犠牲を払うことになる。

岩倉具視は洛北・岩倉村へ追放されていたが、その中で天皇親政の国家体制確立を目論んでいた。幕府側だった薩摩藩の大久保利通らはその岩倉の構想に傾き、新しい国家建設に向かい邁進し出した。「薩摩が動けば日本が変わる」といわれるほど、当時の薩摩には政治力と実行力があった。

やがて慶応二年（一八六六）一月、薩摩と長州は密かに軍事同盟「薩長同盟」を結び、西南雄藩による武力討幕への道を模索。薩摩はイギリス、幕府はフランスのもとに軍事力を拡大させた。徳川慶喜は将軍職につくや軍制改革を試み、慶応三年十月、大政奉還の道を選んだ。

慶喜の大政奉還論はいったん政権を奉帰し、西周（にしあまね）の提案した西洋の議会制度を採用し、自ら議長席に座って政権の立て直しを目論むものだった。しかし岩倉は西郷らと同年十二月に王政復古の大号令を発し、完全に慶喜の復帰の道を閉ざした。また新政府を樹立したものの、各藩の大名はその勢力を温存したままだった。

慶応四年（一八六八）一月に勃発した鳥羽伏見の戦いは、薩長にとって、武力討幕の総決算というべき好機であった。「錦の御旗」を押し立てて皇軍となり、やがて全国統一戦の戊辰戦争と発展した。山県有朋は天皇の軍隊創設に意欲的で、廃藩置県を推進し大久保の賛同を得て、陸軍の創設が富国強兵につながり、これが近代国家の道であると考えていた。

このように幕末維新史の主要な出来事を通覧すると、関西の二府四県（京都・大阪・兵庫・奈良・滋賀・和歌山）がその舞台であったことがあらためて実感され、幕末維新の先覚者たちから学ぶことは実に多い。

今回、関西にある幕末維新史の重要な史跡を約五十か所選び出し、その地を訪ねるガイドブックを作った。多くの史跡は、今もなお地元の歴史として語り継がれ、清掃保存がなされ、墓碑には華香が絶えないことを知り感激した。

解説をまとめるにあたり、案内板、パンフレット、郷土史家、研究家らの著作を参考させていただき、刊行にあたっては淡交社編集局の井上尚徳氏、写真家の三村博史氏にお世話になった。この場をお借りして御礼申し上げます。

この書籍が紙碑となり、多くの方々が史跡を訪ねてもらえればと願う。

令和三年十月吉日　　木村幸比古

京都

岩倉具視幽棲旧宅　鄰雲軒から庭を見る（京都市左京区）

御所周辺・洛北（京都市上京区・左京区）――蛤御門の変の舞台、維新構想の地

■京都御所

蛤御門

元治元年（一八六四）七月十九日、蛤御門の変（禁門の変）が勃発。

京都御所（内裏）は天皇の住居で、正殿の紫宸殿、政務を行う清涼殿があり、その周辺には五摂家はじめ公家衆の屋敷があった。御所には築地塀や籬はあっても大名の城のような堀はない。自由に誰でも往来できた。町衆の心で天皇を護っていた。御所には六つの御門、外回りに九門があり、その一つが蛤御門である。

幕末期、朝廷は攘夷決行を幕府へ委任し、有力諸侯の会議で公武合体を推進した。長州藩は幕府に攘夷決行を求めていたが、文久三年（一八六三）の八・一八の政変によって長州勢と三条実美ら七卿を京都から一掃。そして元治元年七月十九日、長州勢は攘夷と藩主復権を求め、御所に率兵上洛した。世に言う蛤御門の変で禁門の変といった。

御所で守衛する会津・薩摩兵と長州兵とが激突、銃撃戦を繰り広げ、長州兵の一隊は鷹司邸になだれ込んだ。長州の従軍医・所郁太郎は、薩摩兵が駆けつけ「ブリキドンというブリキ製の大筒に、砂を込め撃ち砂ぼこりをあげて」一気に攻め込んだと記す。また大砲の轟音に幼い明治天皇は気を失ったという。蛤御門前の大木の下では長州を指揮した来島又兵衛が風折烏帽子に陣羽織の古武士姿で戦死、久坂玄瑞は鷹司邸へ潜入したが、会津の山本覚馬に六斤砲で北西側壁を崩され、久坂は覚悟を決め自刃した。

長州勢は約三千名で三方から率兵上洛したが、禁裏御守衛総督の一橋慶喜が指揮する幕府軍八万の固い守りの前に敗走した。会津兵が長州兵掃討作戦で中立売御門外の紅屋に放った火は三日間燃えて市中の三分の二が焼失。「ドンドン焼け」という。

▶蛤御門
京都市上京区烏丸通下長者町上ル（京都御苑）
【交通】市営地下鉄烏丸線「丸太町」駅または「今出川」駅下車、徒歩約10分

岩倉具視幽棲旧宅

慶応三年（一八六七）十月六日、大久保利通と品川弥二郎、岩倉邸を訪問、岩倉が「錦の御旗」の製作を二人に託す。

岩倉具視は文政八年（一八二五）九月十五日、父・堀河康親、母・勧修寺淑子の次男に生まれた。幼名は周丸と称した。神童の誉れ高く、具視の名付けは伏原宣明で『詩経』の「民具爾瞻」から「具瞻」としたが、子どもには字画が多すぎると「具視」とした。具視はこの村で幼少の頃を過ごした。比叡おろしの厳しい寒風にも耐え、のち「対岳」と号した。

岩倉具視

十三歳で岩倉具慶の養子となった。下級公家の具視は、朝廷内を牛耳る鷹司政道に和歌を学ぶことで信用を得た。具視の三大事業は①公武合体を推進のために、皇妹和宮を将軍家茂へ降嫁させたこと。②大政奉還後の政局の中から王政復古を実現したこと。③維新後、岩倉使節団を組織して米欧を視察し近代国家建設に貢献したことである。

和宮の降嫁問題で急進派公卿から命を狙われて辞官落飾し、洛中から追放され岩倉村へ隠れ住んだ。岩倉は三年間この旧居で幽棲しながら、薩摩改革派の大久保利通と通じ、武力討幕を土佐の中岡慎太郎らと画策し「討幕の密勅」を作成して薩長に下した。

慶応三年（一八六七）十二月九日、小御所で天皇親政派の具視と公武合体派の山内容堂は激論したという。酒豪の容堂はこの日も酩酊状態で、明治天皇を「幼帝」と失言し、西郷隆盛に短刀一本で片付くと恫喝され、王政復古が実現した。

具視は一方で密かに天皇の御旗「錦の御旗」作成を指示、この御旗が鳥羽伏見の戦いで新政府軍に勝利を導くことになった。

▶岩倉具視幽棲旧宅
京都市左京区岩倉上蔵町100
【電話】075-781-7984
【交通】市営地下鉄烏丸線「国際会館」駅から京都バス24系統で「岩倉実相院」下車、徒歩約3分。
【情報】観覧は時間ごとの事前予約制。開館時間:9時～17時、休館日:水曜日（祝日の場合は翌平日）、年末年始、入場料:一般400円

蛤御門

高麗門の形式の門。蛤御門の変では、この門の周辺が激戦地となった。

京都御所

蛤御門の銃弾痕

扉部分や柱の各所に見られる凹みは、
禁門の変当時の銃弾痕と伝える。

岩倉具視幽棲旧宅　鄰雲軒の内部　国史跡

大久保利通や玉松操など多くの志士がこの部屋に集い、具視と王政復古や錦の御旗の製作など密議を交わしたと伝える。

岩倉

岩倉具視幽棲旧宅　門

具視が暮らしていた当時から変わらないたたずまいを残している。

二条城と壬生（京都市中京区）――幕府と新選組の拠点

■二条城周辺

二条城 二の丸御殿・六角獄舎跡

慶応三年（一八六七）十月十三日、二条城で各藩在京の重臣に大政奉還の意思を伝達、翌日成立。

慶長八年（一六〇三）に落成した二条城は徳川幕府の京都の拠点であり、幕末も重要な政治の舞台となる。徳川宗家を継承した徳川慶喜は当初将軍職を固辞したが、孝明天皇から将軍職に就くよう促され、崩壊寸前の徳川幕府十五代将軍の座に着いた。そんな折、孝明天皇は崩御し明治天皇が践祚。さらに薩摩、長州ら西南雄藩は大政奉還、そして王政復古を画策した。

慶喜は時機をうかがい山内容堂、松平春嶽らの意見をくんで、慶応三年十月に大政奉還を決意。同月十二日、二条城で幕閣らを集め、政権返上の意思伝達が行われた。そして幕府から「明後十三日午前十時二条城へ罷り出づべく候」の通達があり、二条城大広間に各藩の在京重臣五十一名が集められ大政奉還の意思が伝達された。そこに慶喜の姿はなく、板倉勝静（かつきよ）から書面が配られ、意見のある者は居残るように告げられた。その後薩摩の小松帯刀、土佐の後藤象二郎ら六名が残り、慶喜に敬意を表し小松が代表となって謝辞を述べるという寂しさであった。

元治元年（一八六四）七月十九日、滝川具挙、六角獄舎の志士たちを斬罪に処す。

また二条城の南にある六角獄舎には、天誅組（102頁）や生野の変（86頁）に関与した平野国臣などの志士・国事犯ら三十数名が投獄されていた。元治元年七月十九日、蛤御門の変（14頁）の戦火がまたたく間に市中に燃え広がった。その頃「この混乱に乗じて長州兵が志士らの奪還に来る」と噂が立った。そこで獄舎の管理者で西町奉行の滝川具挙（ともたか）は、独断で獄吏に、類焼がせまれば江戸表に伺い中の重罪の浪士から斬捨てることを命じ、他の罪人は解き放しと命じた。そして大目付・永井尚志（なおむね）と形だけ協議し、斬首を決断したという。

その後、三十七名の志士を斬首。刀は斬首の血のりで切れ味が悪く、首洗い井戸の水で洗い、斬捨てていったという。この事件は幕府の汚点として、町衆からも非難の的となった。

■壬生

壬生屯所旧跡 八木邸

文久三年（一八六三）九月十八日、壬生浪士頭取の芹沢鴨、壬生屯所・八木邸にて近藤勇一派に暗殺される。

文久三年二月十三日、幕府が組織した浪士組は江戸を出発、中山道を通って洛外の壬生村に着いた。到着早々、庄内藩（山形県）出身の志士・清河八郎は主だった者で集会を開き、天皇のために攘夷宣言した。

幕府は江戸への帰還を求めたが、近藤勇、芹沢鴨らは京都に残留、隊士は八木邸やその周辺に分宿し、前川邸で執務を行った。活動資金に困った芹沢は京・大坂の豪商から強引に軍資金を調達、「壬生狼」と呼ばれ、恐れられた。

近藤勇

のち京都守護職から近藤は呼び出され、芹沢の粛清を促された。芹沢は新選組創設の立役者であり、近藤は悩んだが、土方歳三の決断で芹沢一派の粛清が実行されることになった。

文久三年九月十八日、土方は島原（下京区）の角屋で芹沢一派と宴会を開き、上機嫌の芹沢は八木邸で飲み直そうと言った。芹沢は愛人・お梅を呼び、平山五郎は桔梗屋のお栄、平間重助は輪違屋の糸里で座は盛り上がった。土方は宴席を終わらせ、各部屋に芹沢らが女と入るのを見定めると障子を少し開けて部屋を出た。

すると手筈通り沖田総司、藤堂平助、御倉伊勢武らが刺客となって侵入。気配を感じた平山に御倉はすかさず抜き打ちし、首が転がった。土方・藤堂・沖田はお梅と同衾している芹沢の部屋に忍び入る。芹沢は飛び起きて床の間の刀に手を伸ばすが腕を斬り落とされた。三人は枕元の屏風を押し倒し、芹沢を突き刺し、お梅も浴衣一枚の哀れな姿で殺された。平間はいち早く気がつき逃亡した。新選組では、芹沢は神官の子であったので、神葬祭を盛大に斎行し、犯人は長州の志士と噂を流した。

▶二条城
京都市中京区二条城町541
【電話】075-841-0096
【交通】市営地下鉄東西線「二条城前」駅、市バス9·50号系統などで「二条城前」下車すぐ
【開城時間】8時45分～16時
【休城日】12月29日～31日

▶六角獄舎跡
京都市中京区因幡町112-8
【交通】市バス6·46·201·206系統などで「みぶ操車場前」下車、北東に徒歩約10分

▶壬生屯所旧跡 八木邸
京都市中京区壬生梛ノ宮町24
【電話】075-841-0751（京都鶴屋鶴寿庵）
【交通】阪急京都線「大宮」駅、京福電鉄「四条大宮」駅下車、西へ徒歩約10分。市バス3·8·26·91·201系統などで「壬生寺道」下車、徒歩約1分
【公開時間】9時～17時　拝観料：大人1,100円

二条城 二の丸御殿大広間一の間・二の間　国宝

慶応3年10月13日に徳川慶喜が大政奉還の意思の表明を行った。

二条城周辺

六角獄舎跡　殉難勤王志士忠霊塔(中央)

昭和15年(1940)建立。枢密院議長の原嘉道の筆。左の碑は山脇東洋が日本初の学術的人体解剖(1754年)をこの地で行われたことを記念する「山脇東洋観蔵之地」碑。

壬生

壬生屯所旧跡 八木邸の六畳間内部(下)と縁側の鴨居の刀疵(上)

文化年間(1804〜18)に建てられたこの八木家住宅は文久3年2月、新選組の屯所となる。奥の間に隣接するこの六畳間で芹沢鴨は暗殺されたと伝え、縁側の鴨居には新選組が付けたという刀疵も残る。

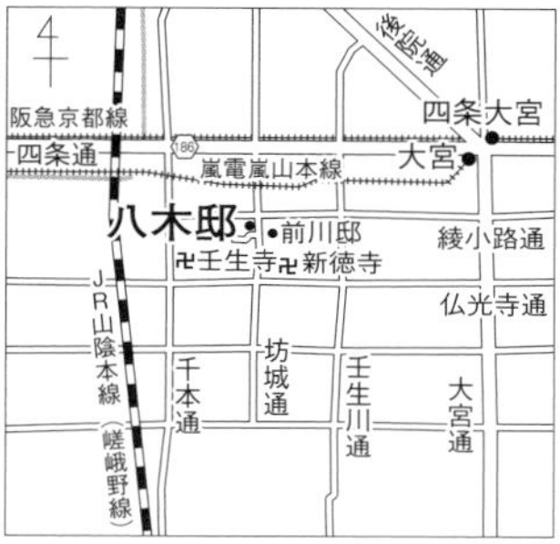

三条から四条へ（京都市中京区）——尊攘派志士の梁山泊地帯

■木屋町三条

池田屋騒動之址碑

元治元年（一八六四）六月五日、新選組、木屋町三条の旅籠・池田屋を襲撃。尊攘派志士十一人を殺傷、捕縛（池田屋事件）。

政治の舞台が京都に移るや、攘夷を唱える志士が、「天誅（てんちゅう）」を横行させてすこぶる治安が悪い。新選組は昼夜を問わず探索を続け取り締まり強化していたが探索で不審な商人を捕らえた。

永倉新八の手記には「新選組が召し取り前川邸の土蔵で吟味すると、古高俊太郎と正体を自白した」。さらに志士らは強風の日に御所へ火を放って天皇を奪い、長州へお連れするという謀議を企んでいるという。

元治元年六月五日、この日は祇園祭の宵々宮であった。新選組は京都守護職・松平容保に志士の動きを報告した。すぐさま京都所司代はじめ彦根、淀らの藩士が市中を厳重に警戒する中、近藤勇は数名を連れて木屋町の高瀬川筋を探し、土方歳三は大勢を連れて、祇園の茶屋をくまなく探索した。

土方歳三

近藤が長州藩定宿の池田屋で志士が密会との情報を得て、近藤は沖田総司・永倉新八・藤堂平助のたった四名で突入した。近藤は「御用御改め手向かいいたすにおいては、容赦なく斬捨てる」と大声で一喝した。

志士らはまさか四名で突入とは思わない。近藤は敵をあざむく武略で作戦をたて、各部屋や庭でそれぞれ戦う。近藤は三度ばかり斬られそうになり、沖田は志士を一刀のもとに切り伏せた。そこへ土方隊が到着し鎮圧した。結果、宮部鼎蔵（みやべていぞう）、吉田稔麿（としまろ）、北副佶摩（きたぞえきつま）、望月亀弥太（もちづきかめやた）らが斬られまたは自刃、十一人を捕縛した。激闘は五時間におよんだという。

この池田屋事件で新選組の名が轟いた。朝廷から百両、幕府から五百両が下賜された。

■河原町三条

酢屋と近江屋跡（坂本龍馬・中岡慎太郎遭難之地碑）

慶応三年（一八六七）六月十五日、坂本龍馬、京に入り酢屋に投宿。以後ここを拠点に活動するも同年十一月十五日、下宿先の近江屋において中岡慎太郎らとともに暗殺される。

龍馬は将軍・徳川慶喜に大政奉還させることで、新しい政権を夢見た。そして慶応三年十月十四日、大政奉還が実現した。

龍馬は大政奉還が実現できない時は、江戸の銀座を京都に移し、幕府の財政を凍結すれば、政治も軍事力も刷新でき、将軍職は飾り物になるとまわりに述べていた。

大政奉還には二条城へ後藤象二郎、福岡孝弟が登城した。将軍慶喜は政権返上の上表文では「奉還」とは書かず「政権を朝廷に奉帰」としている。慶喜の母は皇族の有栖川宮吉子であったので、自分が返上する立場に最もふさわしいというプライドがあった。龍馬は大政奉還を下宿先の近江屋で聞くや、京都海援隊事務所である河原町三条の酢屋へ使者を走らせ、同志に伝えたという。

龍馬はこの頃から、幕府見廻組に狙われ、本人も暗殺に備えて薩摩藩か土佐藩邸に逃げ込むことも考えて奔走していた。また元新選組の伊東甲子太郎が訪れ、新選組が狙っているとも忠告していた。下宿先の近江屋は土佐藩御用達の商人であった。

慶応三年十一月十五日、龍馬は中岡慎太郎と会談中に見廻組に暗殺された。龍馬の従僕・藤吉も斬られた。龍馬は即死したといわれるが、斬られた時、二階から近江屋の当主新助に医者を呼べと命じていたという。土佐藩から医師が駆けつけた時、龍馬は虫の息であり、中岡は重傷にもかかわらず握り飯を食べていた。龍馬は翌日まで息があり、暗殺現場に駆けつけた陸援隊の田中光顕も十六日死亡と記している。暗殺には諸説あるが、見廻組説が有力である。

▶池田屋騒動之址碑
京都市中京区三条通木屋町西入北側中島町
【交通】京阪本線「三条」駅、市営地下鉄東西線「三条京阪」駅下車、徒歩約3分

▶近江屋跡（坂本龍馬・中岡慎太郎遭難之地碑）
京都市中京区河原町通蛸薬師下ル塩屋町
【交通】阪急「京都河原町」駅下車、徒歩約4分

▶酢屋
京都市中京区河原町三条下ル大黒町47
【電話】075-211-7700
【交通】京阪本線「三条」駅下車、徒歩約3分。市営地下鉄東西線「京都市役所前」駅下車、徒歩約5分
【情報】営業時間:10時～17時30分（ギャラリーは17時まで）　休業日:火・水・木曜日、年末年始　入場料:500円
※コロナ禍のため休業日、営業時間に変更あり。

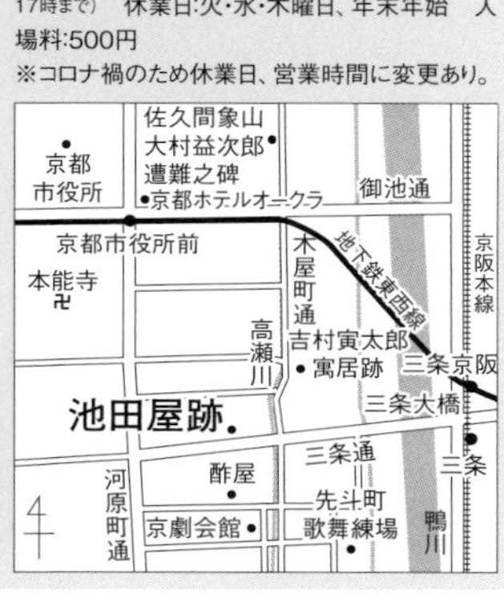

池田屋騒動之址碑

事件以来、幾多の変遷を経て、現在は「池田屋」という名の居酒屋となっている。

木屋町三条と河原町三条周辺

池田屋の二階（古写真、霊山歴史館蔵）

酢屋の外観

店内は「ギャラリー龍馬」として、龍馬がいた部屋の復元や酢屋の関わりを示す資料が展示される。

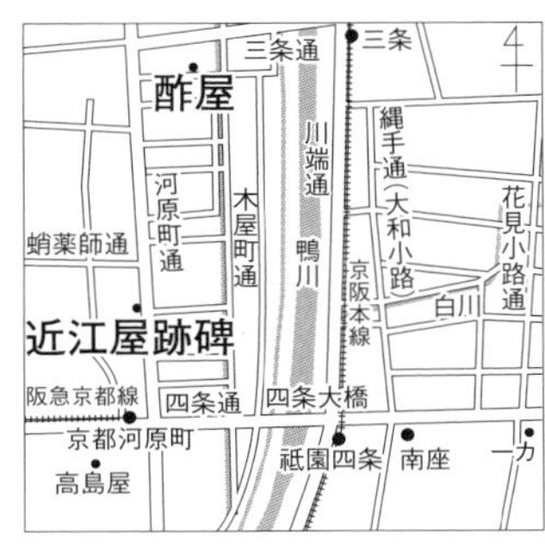

近江屋跡
「坂本龍馬・中岡慎太郎遭難之地」碑

繁華な通りの一角だが、近年詳細な解説板が設けられて「聖地」の趣がある。

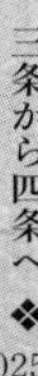

祇園から東山へ（京都市東山区）―― 志士達の歓楽、そして永眠の地

■祇園・円山

一力・円山公園

文久三年（一八六三）十月十日、近藤勇、一力の大広間で会談。公武合体を唱える。

花街の祇園にあるお茶屋・一力はかつて「万亭」と呼ばれていたが、のちに一力となり、歌舞伎の演目「仮名手本忠臣蔵」によってその名が知れるようになった。忠臣蔵に登場する大石内蔵助が祇園で遊興した頃はまだ一力はなかったのだが、忠臣蔵が人気を博し、一力の大広間の左奥には内蔵助ほか赤穂浪士四十七士の人形が祀られるようになった。

幕末期、勤王・佐幕を問わず一力は憧れの場であり、祇園の芸妓・舞妓にも勤王派・佐幕派があったほどであった。

大久保利通は愛人の芸妓・お勇を一力の養女とし、「錦の御旗」の材料の帯地を大量に購入させている。桂小五郎（木戸孝允）は絶世の美女・お加代を一力の宴に呼び寄せている。また文久三年十月十日、一力の大広間で開かれた諸藩周旋方の会議で近藤勇は公武合体を唱えた。そして勤王派の芸妓・君尾に惚れて一力に呼び寄せており、土方歳三も祇園で遊ぶことに憧れていた。

各藩は「御宿坊」と称して出入りのお茶屋が決まっていた。長州藩の高杉晋作は「魚品」で芸妓・小里加と逢瀬をかさねたし、伊藤博文、山県有朋も通っていた。

東山山麓の円山公園一帯は、当時「六阿弥」という貸席があちこちにあり、志士や文人らが宴に興じた。貸席では真葛踊りが流行し、揃いの着物でお囃子入りの総踊りをする「山根子」という町芸妓をはべらして遊んだ。近藤勇が宴をよく開いた、六阿弥の一つ「左阿弥」は料亭として現存している。

元治元年（一八六四）三月三日、土方歳三は、故郷の多摩からきた井上松五郎、富沢忠右衛門らと清水寺へ花見の帰り、祇園社（八坂神社）の門前の二軒茶屋で酒宴を開いた。この茶屋は土佐の志士もよく出入りしていた。

▶一力
京都市東山区祇園町南側569
【交通】京阪本線「祇園四条」駅下車、徒歩約5分。阪急「京都河原町」駅下車、徒歩約8分

▶円山公園（坂本龍馬・中岡慎太郎銅像）
京都市東山区円山町
【交通】市バス100・206系統などで「祇園」下車、徒歩約5分。京阪本線「祇園四条」駅下車、徒歩約10分

■霊山

京都霊山護國神社・霊山歴史館

文久二年（一八六二）十二月十四日、福羽美静ほか六〇余人の国学者、霊山に参集し、招魂祭を実施。

東山三十六峰のひとつに数えられる霊山はインドのマガダ国にあった霊鷲山に山景が似ていることからその名が由来する。同山の正法寺の山号も「霊山」と呼び、温泉が湧き出たという。

霊山での志士たちの墓碑建立の始まりは文久二年、長門国（山口県）清末出身の国学者・船越清蔵による。その後、津和野藩（島根県）の国学者・福羽美静の呼びかけで神祇伯・白川家の古川躬行が祭主となり、安政の大獄以降、国事のために殉難した者の祭典を斎行し、在京の各藩士六〇名が参列した。以後、霊山は国のために奔走し、殉難した志士の墓が建てられる。

霊山にある京都霊山護國神社には幕末維新の志士・三一一六柱が合祀され、うち墓碑や合葬墓があるのは三八六柱である。その中には坂本龍馬、中岡慎太郎、木戸孝允など遺体が埋葬されたものもあるが、墓によっては遺髪や短冊などの遺品をもって建立されたものもある。

明治天皇は維新後に「国難に殉じた者を祭祀すべし」との勅命を発し、各藩の藩知事が建設した招魂社には、合祀者名の祭神録をもって合祀した。「霊山招魂社」と呼ばれた京都霊山護國神社の聖域には、東奔西走した志士らが京都御所を眺めながら静かに眠っている。

霊山歴史館は昭和四十五年（一九七〇）、全国ではじめて幕末・明治維新期を専門とする総合的な博物館として開館した。おもな収蔵資料は龍馬、西郷隆盛、木戸孝允など倒幕側の史料、そして新選組の近藤勇、土方歳三らの愛刀など幕府側の史料を常設展示、年に数回、展示替えが行われる。収蔵史料は国内外の入館者や研究者から注目されている。

▶京都霊山護國神社
京都市東山区清閑寺霊山町1
【電話】075-561-7124
【交通】市バス100・206系統などで「東山安井」下車、徒歩約10分
【情報】参拝時間:8時～17時　霊山墳墓拝観料:大人300円　※駐車場はありません。

▶霊山歴史館
京都市東山区清閑寺霊山町1
【電話】075-531-3773
【交通】市バス100・206系統などで「清水道」または「東山安井」下車、徒歩約7分。京阪本線「祇園四条」駅下車、徒歩約20分
【情報】開館時間:10時～17時30分　休館日:月曜日（祝日の場合は開館、翌日休館）　入場料:大人900円

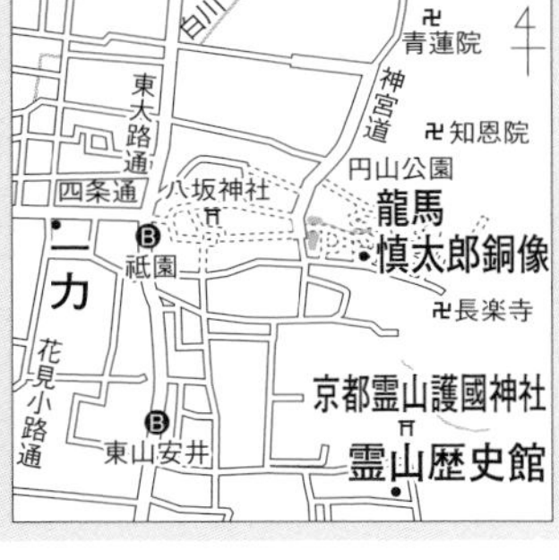

円山公園　坂本龍馬・中岡慎太郎銅像

左が龍馬、右が慎太郎。初代の像は昭和11年(1936)に作られたが、太平洋戦争の時、金属供出で失われた。現在の像は昭和37年、高知県人会有志による建立。

一力の外観

花街・祇園の茶屋として長い歴史を誇る「一力」は幕末維新期も全国諸藩の武士や志士が集う会談の場として知られた。

京都霊山護國神社　坂本龍馬・中岡慎太郎墓所(上)　**霊山歴史館の外観**(下)

龍馬と慎太郎、暗殺に巻き込まれた藤吉の墓もある。円山公園と同じデザインの小型の銅像や龍馬の忠魂碑(右、明治37年)がある。

京都駅周辺（京都市下京区）──新選組、分裂と激闘の地

■堀川七条周辺

西本願寺の太鼓楼と新選組不動堂村屯所跡碑

慶応三年（一八六七）六月十五日、新選組、屯所を西本願寺から不動堂村に移転。

幕末最強の剣客集団・新選組は、入洛当初、壬生村周辺に分宿していた（19頁）。しかし池田屋事件（22頁）や脱走等で激減した隊士募集のため近藤勇は元治元年（一八六四）九月に江戸に下った。結果、伊東甲子太郎（いとうかしたろう）一派が入隊するなどこの年、新入隊士が約三十名加わった。

壬生の屯所では隊士を宿泊させるには狭すぎ、調練などの軍事訓練もままならない。そこで屯所移転が隊内で論じ合われた。土方は第二の屯所に西本願寺を候補に選び、慶応元年三月十日、反対する山南敬助を退け、西本願寺の北集会所と太鼓楼に移転した。永倉新八の手記には「壬生の屯所が手狭となり、西六条境内学林寺（西本願寺北集会所）を借り、本堂の隣に竹や丸太で組んだ仮住いをこしらえた」とある。

西本願寺の門主・広如（こうにょ）は勤王派で、土方は本願寺の境内に豚を飼ったり、調練と称し門主が観経の時に大砲の空砲を撃ち、ひっくり返る姿を見て喜んだり、寺への参拝者を拒むなど何かにつけて嫌がらせした。同時期の西本願寺の記録によると、新選組の悪態にたまりかねた西本願寺は「時節柄莫大の御入費用」と松明町の広大な土地を購入したことが記されており、寺側から屯所移転を打診していた。この移転交渉には土方の指示で隊士の吉村貫一郎と山崎烝（すすむ）があたったという。

こうして慶応三年六月十五日、新選組は西本願寺から不動堂村（現リーガロイヤルホテル京都）へ屯所を移すことになった。不動堂村屯所は大名屋敷と遜色ない規模で、表門、高塀、玄関、長屋、使者の間、近藤、土方らの幹部部屋、平隊士の部屋、客間、馬屋、物見、中間と小者の部屋、三十人が一度に入れたという大風呂があった。慶応三年十二月四日、伏見奉行所へ引き払うまでの六ヵ月間、屯所として使用し、新選組隊士らは夢見心地であった。貸し本屋の菊屋峯吉は、屯所によく本を届けたという。

■油小路七条

本光寺

慶応三年（一八六七）十一月十八日、御陵衛士の伊東甲子太郎、本光寺門前で新選組隊士によって暗殺（油小路の変）。

幕府の衰退とともに新選組は分裂の危機を迎えた。その要因は新選組を幕臣に取り立てることが決まったことだ。近藤勇は将軍御目見えの旗本クラス、夢であった武士になることが現実となった。片や勤王派の伊東甲子太郎一派にとって幕臣となることは佐幕となり、勤王を挫折する道を選ぶことになる。新選組を幕臣にするほどに幕府は落ちぶれたか。幕府の崩壊も時間の問題である――頭脳明晰の新選組参謀・伊東は、当時の幕府の情勢を読んだ。そして新選組の有能な隊士を引き連れて、離脱する道を選んだ。本来ならば、新選組を離脱する隊士は掟により切腹だが、近藤には伊東を押さえるだけの実力もない、近藤は幕臣の夢が叶い有頂天で、土方と相談の末、伊東の離脱をすんなり認めるふりをして、斉藤一を密偵に送り込んで、伊東の行動を監視させた。

伊東一派は朝廷に働きかけて高台寺党を結成し、孝明天皇の御陵衛士となった。朝廷の者には近藤といえ手を出せない。片や伊東には軍資金がない。斉藤は、伊東が近々新選組を乗っ取って軍資金を奪う、という情報をもたらした。

慶応三年十一月十八日夜、近藤は伊東に軍資金で相談があると、醒ケ井の近藤の妾宅に伊東を一人招き、宴を開いて散々に酔わせた。伊東は北辰一刀流の免許皆伝だが、帰路、待ち伏せしていた新選組隊士数名によって斬殺され、本光寺門前でこと切れた。その後、甲子太郎の遺体は油小路七条に運ばれた。そして土方は東山の高台寺に本部を置く伊東一派に使者を走らせ、伊東が襲われたので援軍を頼むと告げさせた。近藤は「駆けつけた御陵衛士の中に藤堂平助がいるはずだ。彼だけは斬るな」と厳命したが、暗闇の中、新選組隊士と御陵衛士との斬りあいで斬り殺されてしまった。伊東一派の墓碑はその後、泉涌寺の塔頭・戒光寺（東山区）の墓地に埋葬された。

▶本光寺
京都市下京区油小路通木津屋橋上ル油小路町281
【電話】075-341-2863
【交通】JR京都駅下車、徒歩約12分。市バス9、206系統などで「七条堀川」下車、徒歩約3分

▶新選組不動寺村屯所跡碑
京都市下京区東堀川通塩小路下ル松明町1 リーガロイヤルホテル京都
【交通】JR京都駅下車、徒歩約10分。市バス9、206系統などで「七条堀川」下車、徒歩約5分

▶西本願寺　太鼓楼
京都市下京区堀川通花屋町下ル門前町60
【交通】JR京都駅下車、徒歩約15分。市バス9、111系統などで「西本願寺前」下車、徒歩約1分

西本願寺の太鼓楼

かつて新選組の屯所があった太鼓楼。新選組隊士として甲州勝沼の戦い、会津、箱館戦争まで転戦した島田魁(1828～1901)は晩年、西本願寺の夜間警備員となって同寺で没している。

新選組不動堂村屯所跡碑　リーガロイヤルホテル京都

新選組の袖章をもとにデザインされた石碑で、平成15年(2003)の建立。近藤勇作の和歌「ことあらばわれも都の村人になりてやすめん皇御心」が刻まれている。

本光寺の門前

「伊東甲子太郎外数名殉難之跡」の標柱石が建てられている。

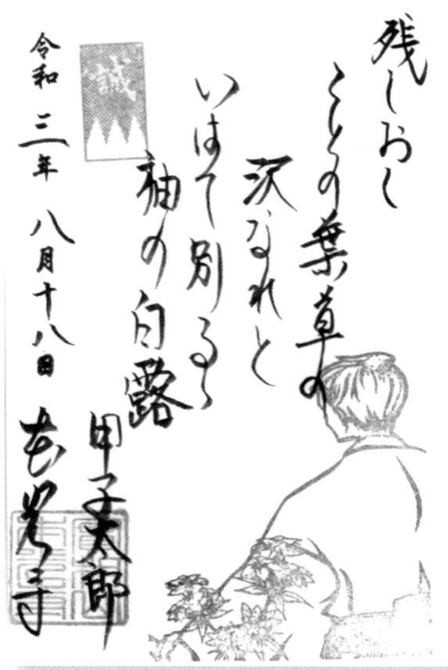

本光寺の御朱印

伊東甲子太郎の和歌「残しおくことの葉草の沢なれといはて別るゝ袖の白露」が記されている。

鳥羽・伏見（京都市伏見区）——京・大坂を結ぶ港町、戊辰戦争勃発の地

■伏見京橋

寺田屋

文久二年（一八六二）四月二十三日、有馬新七ら薩摩藩の尊王派志士たち、寺田屋で襲撃され排除、粛清される。

伏見はかつて「伏水」とも書かれ、大坂と京を結ぶ水上交通の拠点で港町であった。江戸時代初期より幕府政治の拠点にもなり、伏見奉行所が設けられ、京とは街道や高瀬舟で結ばれていた。この伏見港（湊）に近い船宿・寺田屋において幕末期、二つの斬り合い事件があった。

一つは文久二年四月二十三日、薩摩藩の尊王過激派・有馬新七らが寺田屋で密会中のところ、国父・島津久光から説得の命を受けた同藩の大久保一蔵（利通）、奈良原喜左衛門が派遣されたが説得に失敗。結果、大山格之助が率いる鎮圧部隊が斬り込んだ。

有馬らは真木和泉守・田中河内介と共謀して、関白・九条尚忠、京都所司代・酒井忠義の襲撃を計画していた。壮絶な戦いの末に志士たちが死傷・捕縛されたが、裏で画策したと誤解された西郷隆盛は徳之島へ遠島処分となった。大黒寺（伏見区）に殉難した九人の墓がある。

慶応二年（一八六六）一月二十三日、坂本龍馬、伏見奉行所の捕り手により襲撃され、龍馬逃走。

薩摩藩と長州藩は坂本龍馬の粘り強い交渉により、それまでの対立を越えて薩長同盟を結び、雄藩連合による討幕の足掛かりとした。龍馬は同盟締結の後の慶応二年一月二十三日、長州の三吉慎蔵（みよししんぞう）と寺田屋で祝杯をあげていたところへ伏見奉行所の幕吏に急襲された。三吉は得意の槍で応戦、龍馬は高杉晋作から贈られたピストルで幕吏を撃ち、射殺したために幕府から手配人とされた。最近の研究では神奈川奉行所の直井勤一が赴任先の伏見で撃たれ、その追悼歌が見つかっている。

この時龍馬はお龍の機転で寺田屋から逃げ出すことができたが、お龍はその足で伏見の薩摩藩邸へ注進した。市中にいた西郷隆盛は龍馬が手を負傷したため伏見へ軍医を派遣、龍馬の身の危険を案じて薩摩の温泉での治療を勧め、龍馬はお龍を伴い新婚旅行にでかけた。

■伏見

伏見港公園

慶応四年（一八六八）一月二日、会津藩の先鋒隊、大坂から伏見京橋に上陸。翌三日、伏見市街は戦場となり、奉行所は焼失。

慶応四年（一八六八）一月二日、徳川慶喜の命を受け、旧幕府兵は伏見に向かった。すでに十二月九日、王政復古後の新政府の会議で慶喜は三百万石の諸大名並みとなり、京都守護職・松平容保、京都所司代・松平定敬（さだあき）の入京を禁じた。朝廷への報告では、徳川諸臣は会議を開き、滝川具挙（ともたか）は、薩摩討つべしと気勢をあげて進軍したという。

新政府は薩摩・長州・土佐各藩に命じ、鳥羽と伏見の御所へ通ずる街道の封鎖策を命じた。慶喜は先鋒総督を大河内正質（おおこうちまさただ）、指揮使を竹中重固（しげかた）とし、会津・桑名両藩の歩兵・騎兵・砲兵を率い大坂城から出陣した。会津兵の二百人は水路淀川からさかのぼり伏見京橋に上陸、東本願寺伏見御堂へ宿陣した。また会津藩砲兵隊長の林権助、新選組ら一五〇〇人は伏見奉行所に陣営を置いた。二日の午後四時に大坂から騎兵の援軍がきたが、旧幕府軍が出陣してないことに会津兵は激昂した。

一月三日、鳥羽の戦いが勃発。戦闘は伏見にも拡大した。新選組の土方歳三は隊士と辛口の灘の酒樽を開き、斬り込む作戦をたてたという。そして、永倉新八ら数人隊士で斬り込んだが、新政府軍に小銃で狙い撃ちされる。林権助は三発の銃弾を浴びながらも指揮をとった。薩摩兵は御香宮神社の裏側高台から四斤山砲で伏見奉行所や民家を撃ち、たちまち戦火は拡がった。

会津兵の戦況をみて浜田藩（島根県）が援軍。薩摩の大山弥助（巌）は第二砲隊で応戦したが耳を負傷した。双方激戦して夜十一時に及んだ。会津兵はひそかに薩摩伏見藩邸に放火、伏見奉行所にも火を放ったという。長州も善戦した。薩摩兵六人が戦死、負傷二十八人、長州兵四人が戦死、負傷二十一人。旧幕府兵の死傷者はすこぶる多かった。また薩摩側は仕出し屋から食料の調達ができたが、旧幕府側は食料が欠乏し民家の正月用の飾餅を食べ、飢えをしのんだ。

▶寺田屋
京都市伏見区南浜町263
【電話】075-622-0243
【交通】市バス南3・南5・19系統などで「京橋」下車、徒歩約1分。京阪本線「中書島」駅下車、徒歩約5分。近鉄京都線「桃山御陵前」駅下車、徒歩約15分
【情報】営業時間:10時〜16時　定休日:1月1日から3日、月曜日、不定休　観覧料:一般400円
▶伏見港公園
京都市伏見区葭島金井戸町
【交通】京阪本線「中書島」駅下車、徒歩約3分

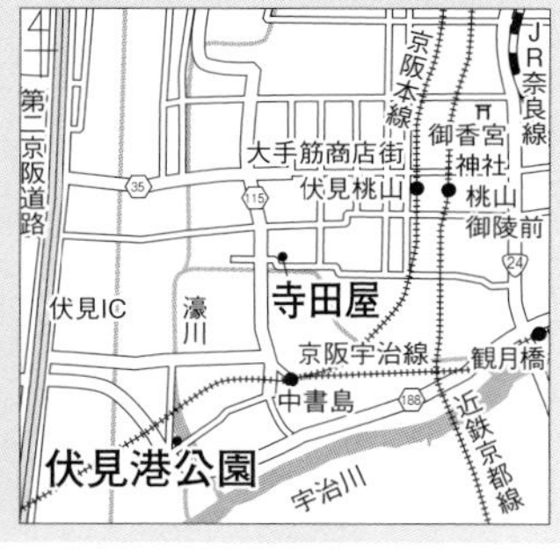

寺田屋　外観

伏見の京橋に近く、水運の便が良い立地。東に隣接する空間には龍馬を顕彰する碑や龍馬の銅像が建てられている。

鳥羽・伏見

伏見港公園

平成6年の伏見港開港400年を記念して江戸時代の橋や三十石船の模型を整備。京・大坂間の水運の拠点だった当時が理解できる。

小枝橋跡

写真の場所はかつて橋があった場所であり、現在の小枝橋とは位置が異なる。

会津藩兵の伏見上陸　「戊辰戦記絵巻 一」(明治24年)より　霊山歴史館蔵

慶応4年1月2日、鳥羽伏見の戦いを前にして伏見の京橋に集結する会津藩兵の様子

■鳥羽

小枝橋

慶応四年（一八六八）一月三日、旧幕府軍と官軍が小枝橋で衝突し、鳥羽の戦い勃発（戊辰戦争の開始）。

旧幕府軍は、大政奉還、王政復古後の薩摩、長州ら新政府が行った徳川家への不条理な処置に立腹し、薩摩を討って朝廷に直訴するため淀から京に向かった。これに対し薩摩は、徳川諸士の上洛を阻止する勅命をもってくい止めようとしていた。城南宮の西方の小枝橋で両軍が衝突、にらみ合いが続いたが、慶応四年一月三日午後四時、日が落ちかかったところ、薩摩の陣営から放たれた一発の銃声で、鳥羽の戦いの火ぶたが切られた。

旧幕府軍は護衛隊・徳山出羽守率いる約七百人の大軍で押し寄せ、フランス式調練を受けた砲兵隊と四斤山砲四門を備えていた。これに向けて、城南宮にほど近い秋の山にあった薩摩陣営の四斤山砲が水平に撃たれ、砲弾は幕府守備の大砲二門を飛び越えて、大砲をのせる砲台を砕いた。竹田街道の東南側の竹林の中に潜んでいた薩摩の鉄砲隊が旧幕府軍の側面に攻撃をかけた。薩摩兵は寒さに弱く、短期決着を試みた。はじめは薩摩兵同士の誤射が多く、鳩笛で合図した。この鳥羽へ長州藩の田村甚之介隊は五十人を率いて偵察していたところ、鳥羽の横道で薩摩兵と旧幕府軍見廻組とが激しく戦っていた。田村隊は薩摩の援軍として敵の右翼から攻撃を加えた。数時間にわたり応戦を繰り返した。双方の戦死者が出て勝敗がつかず、日没となり双方退却した。

小枝橋の戦況を総指揮者の西郷隆盛は、東寺（南区）の五重塔から西洋の望遠鏡で眺めていた。戦況は東福寺に陣営を置いた長州へ報告され、伏見の方面への戦略をたてていた。西郷は鳥羽の戦いで旧幕府軍と互角に戦えば、伏見の戦いも有利に運べると作戦をたてた。片や旧幕府軍を率いる滝川具挙は、兵士の士気のなさから足並みがそろわず、不覚をとった。気の緩みからか、銃に弾をつめていない兵士もいて、鳥合の衆であり、それが敗北につながった。

小枝橋（古写真）

■鳥羽

城南宮

慶応四年（一八六八）一月三日、薩摩藩兵、大砲を城南宮の参道に配置。

城南宮は、延暦十三年（七九四）の平安京遷都の際、国の守護を願って平安京の南に創建された神社で、のちに鳥羽離宮が造営されてからはその鎮守神、御所の裏鬼門の守り神と仰がれ、方除（ほうよけ）の大社として広く尊崇される。

慶応四年一月三日、薩摩兵は城南宮の西参道に陣を置き、薩摩の野津鎮雄（しずお）ら二四〇名が大砲四斤山砲四門を据えたところ、午後三時すぎ、旧幕府軍の滝川具挙（ともたか）が鳥羽街道の赤池（伏見区）まで馬でやって来た。この時、旧幕府軍歩兵頭の徳山出羽守も二大隊約七〇〇名を率いて竹田街道から入京を迫った。薩摩軍は鳥羽関門を守り、竹田街道の東南側の竹藪にも兵士を配備していたが、すでに滝川らはそのことを知っていた。

正月気分で、御所の守備がなされていない。三日の昼、伏見において薩摩の淵辺高照、長州の林友幸らが協議した上で、林ら六名が会津藩本陣へ出向き、入京の差し止めを告げたが物別れに終わっていた。

兵数では新政府軍に勝る旧幕府軍だが、隊列は乱れていた。滝川の態度は高圧的で、我が軍は二条城に入るから通行させろと迫る。北上する旧幕府軍と薩摩兵は小枝橋（38頁）で接触、一側即発の態勢で入京を拒み、通せ、通さぬの談判となる。

こうして夕闇が迫った三日午後四時、旧幕府軍が強行突破を図ろうとしていた時、薩摩藩の大砲が火を噴き、鳥羽の戦いがはじまった。

「戊辰戦記」によると、鳥羽の戦いの戦況は新政府の間者によって戊営（守衛陣）でまとめ、伝令使・篠塚又三から東福寺の長州藩本営の山田顕義に報告されたという。

なお城南宮には、薩摩の鉢振や二番砲隊旗、四斤山砲砲弾など鳥羽・伏見の戦いの関連史料が収蔵されている。

▶小枝橋
京都市伏見区中島秋ノ山町
【交通】市営地下鉄烏丸線、近鉄京都線「竹田」駅下車、徒歩約25分。市バス18系統で「城南宮道」下車、すぐ

▶城南宮
京都市伏見区中島鳥羽離宮町7
【電話】075-623-0846
【交通】市営地下鉄烏丸線、近鉄京都線「竹田」駅下車、徒歩約15分。市バス南3・18系統で「城南宮東口」下車、徒歩約3分。
※鳥羽・伏見の戦い関係の史料は非公開です。

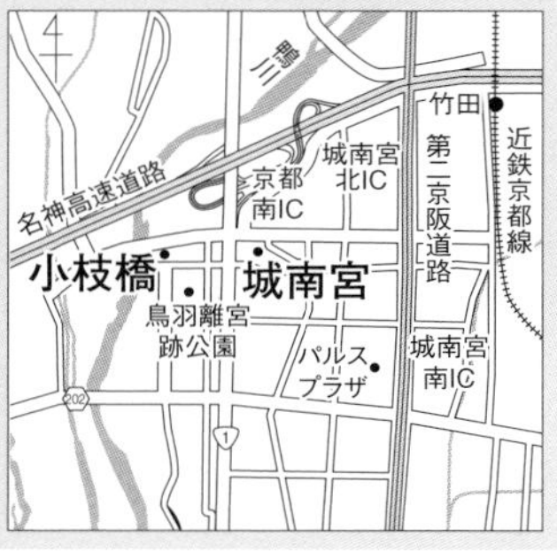

鳥羽 城南宮

城南宮　城南鳥居と拝殿

文久3年に孝明天皇、慶応4年には錦の御旗を靡かせて明治天皇がこの鳥居を通られ、奥の拝殿でお休みになった。

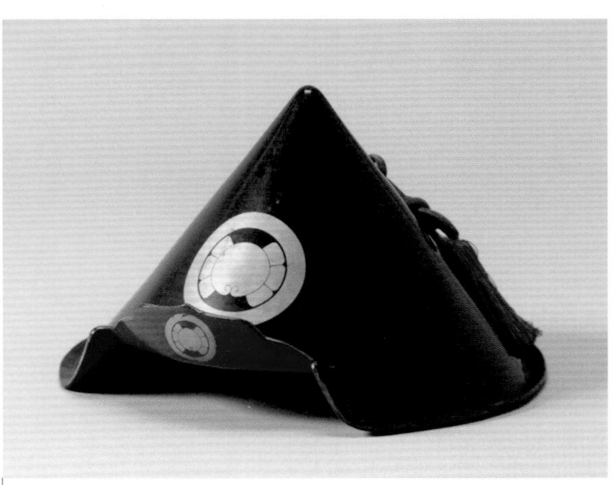

鉢振　城南宮蔵

薩摩藩小銃隊兵士の鉢振(はちふり・はっぷり)。眉庇(まびさし)を斜め上向きにし、銃を構えやすくする。内側に「精錬革張 鹿児城明珍」とある。

大阪

大阪城天守閣の号砲（大阪市中央区）

天満・淀屋橋（大阪市北区・中央区）――適塾と大村益次郎

■淀屋橋

適塾

天保九年（一八三八）、緒方洪庵、蘭学塾「適塾」を開塾。幕末の洋学教育に功績を残し、有益な人材を輩出。

備中国足守藩（岡山市）出身の蘭学者・緒方洪庵は天保九年、大坂に蘭学塾の適塾を開いた。全国各地から入門し、塾生となったが佐賀、筑前、土佐、宇和島、越前など各藩は藩命で藩士を入塾させた。そして独自の蘭学教育を通じて、兵学者・大村益次郎、慶応義塾の創設者・福沢諭吉、日本赤十字社創始者の佐野常民、福井藩出身の思想家で志士の橋本左内、医学者で「衛生」の思想普及に尽力した長與（ながよ）専斎、幕臣では軍事学者の大鳥圭介や箱館戦争（一八六八～六九年）の時に箱館病院を開院した高松凌雲、箱館の五稜郭を設計・建設した築城学の武田斐三郎（あやさぶろう）らなど、近代日本の創生に多大な役割を果たした数多くの人材を輩出した。

洪庵はオランダ語の内科書を翻訳した「扶氏経験遺訓（ふしけいけんいくん）」や日本初の病理学書「病学通論」を著した。また天然痘予防の種痘事業、コレラ流行の時は「虎狼痢治準（ころりちじゅん）」を刊行した。文久二年（一八六二）には幕府の奥医師・西洋医学所頭取となる。

適塾の教育法は実力第一主義で、優秀な者は年齢、身分の区別なく塾頭に抜擢された。オランダ語原書を読解する「会読」が月六回行われ、会読で完璧に読めた塾生には白三角が与えられ、一ヵ月の成績で学力が優秀な者が上席に進級。進級者は塾生大部屋（44頁）の座席取りや蘭和辞書「ヅーフ・ハルマ」の写本が据えられた「ヅーフ部屋」の閲覧も優遇されており、塾生は競って勉学をしたという。適塾では塾頭、塾監、第一等から九等までの階級があって、大村や福沢は塾頭になっている。福沢は『福翁自伝』で「緒方の書生は学問上のことについてはちょっとも怠ったことはない」といい、塾生の猛勉強ぶりを伝えている。

適塾の建物は国の重要文化財に指定されている。

▶適塾
大阪市中央区北浜3丁目3-8
【電話】06-6231-1970
【交通】京阪本線「淀屋橋」駅、「北浜」駅下車、徒歩約5分。大阪メトロ御堂筋線「淀屋橋」駅下車、徒歩約5分。※地図は次頁
【情報】開館時間:10時～16時　休館日:月曜日、国民の休日の翌日、年末年始　参観料:一般270円

■法円坂・東天満

大村益次郎卿殉難報国碑と龍海寺の足塚

明治二年（一八六九）九月四日、大村益次郎、京都木屋町にて襲撃され重傷。大阪仮病院に治療を受けるも十一月五日に死去。

明治二年九月四日、兵部大輔の大村益次郎が襲撃された。当時長州の不平士族が大村暗殺を計画していると噂があったため、兵学寮の建設調査のために来ていた京都の長州控屋敷では数名の門人が護衛についていた。その中、英語が得意な安達幸之助は大村に顔立ち容姿がそっくりだった。長州の神代直人（こうじろなおと）、団伸二郎ら刺客が大村を襲った時、安達が自らが大村と語って鴨川の河原を走り、身代わりに斬られて死んだ。大村も斬られ風呂場に逃げたが、人の気配で厠のつぼに身を隠し、難を逃れた。

大村の遭難に立ち合い、治療した京都の蘭医・大村達吉の診断書文書が残されており、大村のほか新宮凉民・前田松閣が治療にあたった。大村は刺客から五ヵ所斬られた。「診断書控え」には事件の翌日に記され、暗殺は夜の六時すぎ。右額の髪生え際一二センチ、左額から顔面で骨が露出し、九センチの傷は動脈を切断して出血が止まらず、昏睡状態であったという。

大村の希望で適塾の恩師・緒方洪庵の次男の惟準（これよし）と蘭医のボードウィンの治療を受けることとなった。当時、政府高官の移送は許可が必要で、大阪仮病院（現在の中央区大阪医療センター）の転送を兵部省へ届け出たが許可が下りなかった。不許可の理由は、新政府内に大村の政策に反対する者がいたからだという。十月二日、兵学寮の児玉源太郎によって特別に高瀬川を経由して伏見から水路で大阪仮病院へ入院させた。ボードウィンは診断の結果、右足切断手術を行った。しかし経過は思わしくなく敗血症のため十一月五日、大村は死去。昭和十五年（一九四〇）、大阪仮病院跡に「大村益次郎卿殉難報国碑」が建立される。

また大村の遺言で恩師の洪庵・八重夫妻が眠る龍海寺に切断した右足が埋葬され、昭和十四年（一九三九）に「大村兵部大輔埋腿骨之地」の碑が洪庵夫妻の墓横に建てられた。

▶大村益次郎卿殉難報国碑
大阪市中央区法円坂2丁目1-23 国立病院大阪医療センター横
【交通】大阪メトロ谷町線「谷町四丁目」駅下車、徒歩約7分 ※地図は51頁

▶龍海寺
大阪市北区同心1丁目3-1
【電話】06-6351-5795
【交通】大阪メトロ堺筋線「南森町」駅下車、徒歩約7分。JR東西線「大阪天満宮」駅下車、徒歩約5分 ※地図は45頁
【情報】参拝の際は電話にて事前連絡が必要

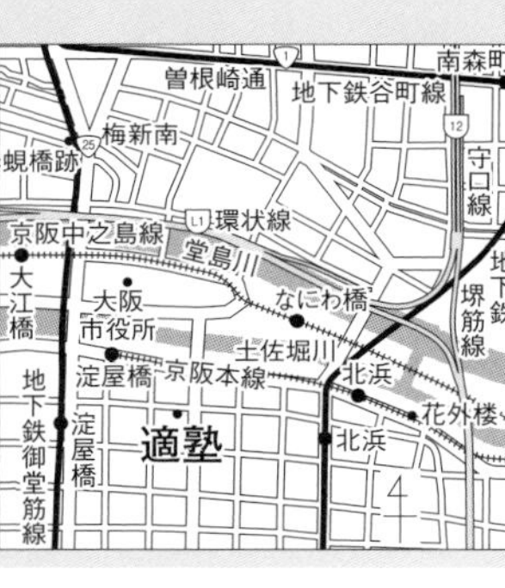

適塾と大村益次郎の史跡

適塾　塾生大部屋

2階にある約30畳の部屋。塾生は一畳分与えられここで起居した。中央の柱には塾生が付けた刀疵が残る。「ヅーフ部屋」は南に隣接する。

適塾外観　重要文化財

戦災を免れた、江戸時代の大坂の町屋建築を伝える数少ない建物。

大村益次郎卿殉難報国碑

昭和15年(1940)の建立。益次郎のレリーフも見られる。台座には東条英機や松下幸之助など、建碑の発起人となった著名な軍人や政財界人が名を連ねている。

大村益次郎の足塚(右下)　龍海寺

「大村兵部大輔埋腿骨之地」と書かれ、昭和14年、大阪大学医学部学友会と杏林温故会の有志によって建立される。陸軍軍医中将の飯島茂が埋骨のいきさつを漢文で記す。

北新地・北浜（大阪市北区・中央区）——歓楽の街を闊歩する志士たち

■曽根崎

蜆橋跡と本傳寺 谷三兄弟の墓

文久三年（一八六三）六月三日、浪士組の芹沢鴨、沖田総司ら八名、大坂相撲の力士と口論の末、乱闘。

芹沢鴨、近藤勇らは浪士組隊士二十名ばかりで、大坂へ勢力拡張のため下り、定宿にしていた京屋忠兵衛宅へ落ちついた。芹沢、山南敬助・永倉新八・沖田総司・斉藤一（はじめ）・島田魁（かい）らの面々は京屋の小舟で涼んでいたが、斉藤が腹痛を起こしたので鍋島河岸に上がり北新地の住吉楼に向かった。芹沢らがある橋まできたところで大坂相撲の大関・小野川喜三郎とすれ違った。その時芹沢は「無礼者」と小野川を殴りつけた。小野川は部屋に戻ると、仕返しすべしとばかり血眼だった。

その後、小野川は芹沢らと蜆橋で再び遭遇。芹沢は三百匁の鉄扇をかざして「端に寄れ」と一喝。小野川は「天下の大道で寄れとは何だ」と棄てせりふを残して去った。芹沢が茶屋にあがった時、怒った力士たちがやって来て店の外で棒を持って騒ぎ出し、隊士たちと乱闘となった。永倉は脇差で相手の肩先に斬りつけ、沖田は顔を打たれたが刀を風車のように振り回し、蹴散らし、山南は逃げ惑うのを追いかけて背掛けで即死させた。その後、大坂東町奉行所へ芹沢、近藤の連名でこの事件の正当性を訴えた口上書を提出している。

慶応元年（一八六五）一月八日、新選組の谷万太郎、弟・三十郎らと南瓦町のぜんざい屋を襲撃。土佐勤王党の残党を打ち取る（ぜんざい屋事件）。

曽根崎の本傳寺には新選組の谷三十郎、万太郎、昌武（近藤勇の養子となり周平となる）の兄弟の墓所がある。彼等兄弟は故郷の備中松山藩（岡山県）を出奔後、新選組に入隊、萬福寺（天王寺区）にあった新選組大坂屯所に駐屯した。慶応元年一月、万太郎は土佐勤王党残党の大利鼎吉、田中光顕らが、ぜんざい屋を営む石蔵屋政右衛門と大坂の街に火を放ち、大坂城を乗っとる計画の情報を得た。そこで万太郎・三十郎ほか四人はぜんざい屋を急襲、二階にいた大利を斬り倒した。ほかの者は大和に逃走したが、大坂の街と城の焼き討ち計画を未然に防いだ。

■北浜

花外楼

明治八年（一八七五）二月十一日、大久保利通・木戸孝允・板垣退助が井上馨・伊藤博文の仲介で花外楼に集結。立憲政体の樹立など今後の政治体制を約す（大阪会議）。

大阪・北浜の料亭・花外楼（かがいろう）の屋号は加賀屋伊兵衛の略称「加賀伊」にちなむ。伊兵衛が郷里の加賀国（石川県）の御手洗村から大坂に出て以来百九十年以上の歴史をもつ老舗だが、明治八年二月、木戸孝允が大阪会議妥結を記念し「花外楼」と揮毫したことで店名を変えたという。

明治新政府は樹立後、藩閥政治が起こり国内外の問題も山積していた。明治六年の征韓論争で西郷隆盛、江藤新平らが辞職し、多くの官僚までが下野した。伊藤博文は、五代友厚、井上馨と危惧し、三人の周旋で大阪会議が花外楼で開かれた。参会者は大久保利通・木戸孝允・板垣退助の五人であった。

この会議では、元老院と地方官会議を設けて国会開設の準備とすることや、大審院を設置して司法独立の基礎を定めた。また参議と卿の分離による輔弼責任と行政事務の分離など、三権分立への政治改革と立憲政体が基本方針であることの申し合わせができた。そして木戸と板垣が参議に復帰することとなった。

日本の近代国家としての方針がこの料亭の一室から出来上がったが、もともと花外楼は幕末期から長州藩の志士の溜まり場として木戸や伊藤・井上は盛んに出入りしており、新選組に追われる木戸を匿うこともあったという。

また「西の五代友厚、東の渋沢栄一」と呼ばれ、大阪経済の重鎮となった五代友厚は、日本の商道は大阪の街にあり、同時に政治もあるという「政経の街」であると考えていたという。松下幸之助は随筆で「青年時代、花外楼はあこがれの店、四十歳になってお客さんお呼びして、座敷から中之島一帯を眺めていると本当にゆったりした気分がしたものである」（『花外楼物語』）と書いており、大阪財界の重鎮はこぞって花外楼で宴席を持ち、商談をした。

▶本傳寺
大阪市北区兎我野町14-3
【電話】06-6311-3826
【交通】大阪メトロ谷町線「東梅田」駅下車、徒歩約5分。
【情報】参拝の際は電話にて事前連絡が必要

▶蜆橋跡
大阪市北区曽根崎新地1丁目1-49
【交通】大阪メトロ谷町線「東梅田」駅下車、徒歩約5分。

▶花外楼
大阪市中央区北浜1丁目1-14
【電話】06-6231-7214
【交通】大阪メトロ堺筋線「北浜」駅、京阪本線「北浜」駅下車、徒歩約3分。※地図は49頁
【情報】営業時間:11時～15時、17時～22時
定休日:日曜・祝日、8月中旬、年末年始

蜆橋の銅板碑(上)と蜆橋跡(下)

蜆川と橋は、近松門左衛門の作品にもよく登場する。上の碑は蜆橋跡から西へ100メートルほど進んだ所にあり、昭和2年の建立。橋の絵とともに、大正・昭和期の演劇研究家・木谷蓬吟の文が鋳出されている。

「谷家累代之墓」に刻まれる谷三十郎と谷昌武の文字

本傳寺の山内の墓地の一角にひっそりと立つ。大正10年(1921)、岩田辯太郎の建立。万太郎の愛人・吉村たみの名も刻まれている

花外楼本店　木戸孝允と井上馨の額書

2階に上がる階段の踊り場に掲げられる二人の元勲の額。右は木戸孝允筆「花外楼」(明治8年)、左は井上馨筆「香涯楼」。本店では他にも明治期の知名士の書を多く所蔵している。

「大阪会議」に出席した元勲たちのレリーフ

花外楼の店舗に隣接するビルに掲げられているもの。時計周りの順に上から、木戸孝允・板垣退助・井上馨・伊藤博文・大久保利通。

大阪城（大阪市中央区）――幕府の一大拠点。壮絶な落城

■大阪城公園

大阪城天守閣の号砲

文久三年（一八六三）、美作国津山藩の鋳工・百済清次郎、幕命により青銅製大砲を鋳造。

大阪城天守閣にある大砲は文久三年、幕命により美作国津山藩（岡山県）の百済清次郎らが製造したものと伝わる。青銅製で全長三五二センチ、砲口二〇センチ、外径四〇センチ、先込式である。幕府が天保山台場の海岸防備のための備砲として造らせたと考えられる。

幕府は嘉永七年（一八五四）、大坂天保山沖にロシア軍艦ディアナ号が来航したことに危機感をつのらせ、安政三年（一八五六）に安治川・木津川など四ヵ所に台場（砲台）と小型軍艦の配備を計画したが、財政難でながらく棚上げとなっていた。

文久年間、攘夷論の高まりと朝廷の発言権の増大に伴い、大阪湾の防備強化が重要問題となった。文久三年二月、摂海台場築立用掛の小笠原長行が湾内巡視。その際に同行、補佐した勝海舟に幕府から台場築造の命が下り、本格的な台場築造が開始された。また同年四月には将軍・徳川家茂が兵庫・西宮・明石・堺ほか湾内を巡視。摂海防御策を朝廷に奏上した。元治元年（一八六四）幕府はようやく天保山周辺の樹木を伐採、天保山台場築造に着手した。

その後、旧幕府軍は鳥羽伏見の戦いで錦の御旗が上がったことで賊軍の汚名をきせられ、劣勢となったが、徳川慶喜は大坂城内で兵士に「たとい千騎戦没して一騎となるとも退くべからず」と叱咤激励した。しかし慶応四年（一八六八）一月六日夜、慶喜は大坂城を抜け出し天保山から重臣を引き連れ軍艦・開陽丸で江戸へ帰ってしまった。慶喜は真意を語ることはなかったが、全責任を自ら処すことで早期の戦争終結と、徳川家存続を願うあまりの決断であったのだろう。

維新後、この大砲は大阪城内に移され明治三年からは時を告げる号砲となった。当初は三度撃たれた。同七年からは正午のみの時報となり、「お城のドン」として市民から親しまれたが大正頃、火薬節減のため中止されたという。

城中焼亡埋骨墳

慶応四年（一八六八）一月九日、新政府軍、大坂城に進撃。引き渡しの最中に幕臣ら城に放火し自害。

大阪城公園の大阪国際平和センターの横に「城中焼亡埋骨墳」はある。慶応四年一月、旧幕府軍は鳥羽伏見の戦いで、度重なる誤算のうちに大敗した。藤堂藩・彦根藩の寝返り、淀藩からは勅許なしの入城を拒まれた。新政府軍は密かに製作していた「錦の御旗」を翻させ「天皇の軍隊」と表明した。徳川慶喜は母に有栖川宮吉子を持ち、自らは天皇の血筋であるのになぜ朝敵になるのかと失意した。薩摩藩の兵具方一番隊長だった川路利良（維新後、初代大警視）は国元への書状で「世の中には戦いほど面白いものはない。戦い上手になったので討ち死にすることはないので心配は無用、江戸城へ乗り込んでも徳川慶喜の首をとる」と意気込んでいた。

一月六日、慶喜は大坂城の大広間に主戦を唱える旧幕府兵を集め、自らの出陣を宣言して大いに盛り上がった。しかしその裏で慶喜の大坂城脱出計画が練られていた。慶喜は城の後門の京橋口から出て、大坂町奉行に用意させた小舟で八軒家浜から漆黒の海に漕ぎ出た。そして松平容保、松平定敬らの重臣を引き連れ、幕府軍艦「開陽丸」に乗船し江戸に帰ってしまった。

一月九日、旧幕府軍の目付・妻木頼矩（よりのり）は長州藩兵隊長の佐々木四郎二郎と本拠である大坂城で交渉を行い、全てが新政府軍に明け渡された。だがその時、本丸の台所から出火。十日には焔硝蔵にも引火し大爆発した。旧幕府兵の中には城の引き渡しに反対し、幕臣の気概をみせようと城内で残念無念と自害した者もいた。薩摩、長州の新政府軍の兵士は、敵ながらあっぱれと兵士の遺骨を埋葬し、七月に「城中焼亡埋骨墳」の碑を建てて菩提を弔った。この碑は「残念さん」と呼ばれた。新政府軍は大坂城の残念さんを丁重に埋葬することで、長州びいきの大坂の庶民から残念信仰（66頁参照）を抑える目的もあったのだ。

▶大阪城天守閣
大阪市中央区大阪城
【電話】06-6941-3044
【交通】大阪メトロ谷町線・中央線「谷町四丁目」駅下車、徒歩約15分。JR大阪環状線「森ノ宮」駅下車、徒歩約15分
【情報】開館時間:9時～17時　休館日:12月28日～1月1日　入館料:大人600円
※号砲は天守閣建物の入り口、向かって右にあります。

▶城中焼亡埋骨墳
大阪市中央区大阪城3、ピース大阪西横
【交通】JR大阪環状線「森ノ宮」駅、大阪メトロ中央線「森ノ宮」駅下車、徒歩約8分。

大阪城

幕末の大坂城の湿板写真　大阪城天守閣蔵

慶応4年1月の焼失前を撮影した写真で、本丸東側の三層櫓と多聞塀を撮影したもの。当時の大坂城がわかる数少ない史料の一つ。

大阪城天守閣の号砲

天守閣の建物に入る入り口の東横に据えられている。文久年間に鋳造され、天保山台場に設置されていた。

城中焼亡埋骨墳

道端の暗い茂みの中にある。碑の裏面には「慶応四年辰歳七月　薩州 長州建立」の文字がはっきりと刻まれている。

出土した大坂城の瓦礫

大坂城山里丸跡からの出土。他の出土遺物から慶応4年の焼失時のものと判明。瓦と土壁・漆喰が凄まじい火災によって溶解、凝固している。天守閣附近では現在もこのような瓦礫が出土するという。

天王寺・阿倍野（大阪市天王寺区・阿倍野区）——官・幕双方の慰霊の地

■四天王寺

高橋多一郎父子の墓

——万延元年（一八六〇）三月二十三日、桜田門外の変の主謀者・高橋多一郎、大坂に潜伏の末、四天王寺で自刃。

大老・井伊直弼の強権政治で安政の大獄（一八五九年）が起こり、これに不満をもつ攘夷派の浪人らが安政七年（一八六〇）三月三日午前九時ごろ、登城中の井伊を桜田門外の杵築藩上屋敷前で襲撃、井伊は暗殺された（桜田門外の変）。襲撃したのは水戸浪士十七名、薩摩藩士一名であった。自首した斉藤監物の斬奸趣意書には、孝明天皇の御心である攘夷に反し、勅許なく日米修好通商条約に調印した井伊を非難するが幕府への敵対行為ではない、とある。浪士のうち八名は自首し熊本藩預り、一名は闘死、四名は自刃、そして五名は江戸から逃走した。

浪士でこの変の主謀者であった高橋多一郎は、井伊襲撃の成功後、大坂から薩摩藩が上京して朝廷を守護するとの計画を実現するため、大坂に潜伏していた。高橋はもと水戸藩士で藤田東湖に学び、床几回組に属して藩主・徳川斉昭から奥祐筆に任命されたが、斉昭らが幕府から蟄居を命じられた頃から井伊を倒すため諸藩の有志との連携を画策、のちに脱藩した。

井伊暗殺の知らせが届くも薩摩は動かず、挙兵計画は頓挫。幕吏の探索が強まる中、高橋は自刃を決意し、四天王寺の寺侍・小川欣司兵衛の奥座敷を借り受けて自刃。父の自刃を見届けた息子の庄左衛門も父を追って義に殉じた。行年十九歳。高橋は小川欣司兵衛に迷惑料と共に祖先が武田信玄からの拝領刀・貞宗を郷里の水戸に届けてほしいと六十二両を渡していた。

■一心寺

東軍戦死者招魂碑、会津藩士の墓

——明治三十一年（一八九八）一月六日、大阪在住の旧幕臣が一心寺に「東軍戦死者招魂碑」を建立。

かつて大坂の陣で徳川家康が本陣を置いたこともあって、天王寺区茶臼山の一心寺は幕府にとって縁の寺である。この寺には鳥羽伏見の戦い（一八六八年）で戦死した旧幕府兵を弔う「明治戊辰伏見役東軍戦死者招魂碑」と会津藩士の墓がある。

碑の上方に大きな葵の紋を置くこの東軍戦死者招魂碑は、側面に明治三十一年正月六日に「在阪旧幕臣」が建てたと書かれ、山岡鉄舟・勝海舟とともに「幕末三舟」の一人、高橋泥舟が重厚な筆跡で碑文を揮毫している。

この碑を建てた「在阪旧幕臣」について、外山脩造ではないかという説がある。外山は越後（新潟県）長岡藩士の子ではじめ清河八郎、のちに昌平坂学問所で学び帰郷。慶応四年（一八六八）の北越戦争では長岡藩家老の河井継之助に付き添い、その死まで行動を共にした。死に瀕する河井から「これから商人になれ」と諭され、福沢諭吉宛の添書に従い慶応義塾に入学。その後大蔵省に入省、渋沢栄一の斡旋で大阪第三十二国立銀行の監査役となり、初代の日本銀行大阪支店長に累進、ビール醸造や電車事業にも尽力して大阪経済界の重鎮となった。

また会津藩士の墓には、鳥羽伏見の戦死者の墓碑が十三基建つが、その多くは京都市金戒光明寺（左京区）の会津藩士の慰霊碑にも名前が刻まれている。

■大阪南霊園

長州藩死節群士之墓

——元治元年（一八六四）七月十九日の蛤御門の変の後、敗走中の長州藩兵、大坂で捕縛されて千日獄舎に投獄。のち獄死。

蛤御門の変（14頁）で長州藩家老の福原越後は約七百名の兵士を率い、長州藩伏見屋敷ほか三方面から京都御所をめざし進軍した。しかし幕府軍の攻撃で総崩れし敗走、長州軍の一部六十二名は船を使い淀川を下ったが、一隻は大坂の桜ノ宮付近で、もう一隻は善源寺村で高松藩兵に捕らえられた上、千日獄舎に投獄された。

半年におよぶ過酷な取り調べで刑死六名、獄死三十九名、そのほか三名を含め四十八名が死亡した。当初、長州藩兵の遺体は千日刑場の近くの千日墓地に投棄されたが、明治二年（一八六九）に長州藩によって掘り出され、現在の大阪南霊園（阿倍野墓地）に改葬。同年八月「長州藩死節群士之墓」と藩士・従者四十八名の墓標が建てられた。昭和三十一年（一九五六）、長州殉難者顕彰会によって碑が建立される。なお天王寺区の大江護国神社には「旧山口藩殉難諸士招魂之碑」がある。

▶闘門殉難碑と高橋多一郎の墓碑
大阪市天王寺区四天王寺1-11-18　四天王寺墓地
【交通】大阪メトロ谷町線「四天王寺前夕陽ケ丘」駅下車、徒歩約5分。JR大阪環状線・大阪メトロ御堂筋線「天王寺」駅下車、徒歩約15分　※地図は57頁
【情報】元三大師堂に向かって左側付近にあります。

▶長州藩死節群士之墓
大阪市阿倍野区阿倍野筋4丁目19-115　大阪市設南霊園（阿倍野墓地）
【交通】阪堺電軌上町線、大阪メトロ谷町線「阿倍野」駅下車、徒歩約7分　※地図は57頁
【情報】霊園敷地の中央、やや南にあります。

▶一心寺
大阪市天王寺区逢阪2丁目8-69
【電話】06-6771-0444
【交通】JR大阪環状線、大阪メトロ御堂筋線・谷町線「天王寺」駅、近鉄「阿倍野」駅下車、徒歩約15分。駐車場はありません。※地図は57頁
【情報】会津藩士の墓は開山堂の北側の墓地にあります。

天王寺・阿倍野

明治戊辰伏見之役 東軍戦死者招魂碑 一心寺

高さ約5メートルの大きな碑。明治31年（1898）の建立で、碑の筆者は「幕末三舟」の一人で槍術の名手と知られた旧幕臣の高橋精一（泥舟、1831〜1903）。

長州藩死節群士之墓（右上）

広大な霊園の一角にある。右方に見える高いビルはあべのハルカス。

闔門殉難の碑（右頁下左）と高橋多一郎父子の墓標（右）

闔門殉難の碑は元治元年（1864）、多一郎の顕彰のため弟の鮎沢伊太夫が建立したもの。「怨霊消滅」と書かれた碑が高橋父子の墓で、小川欣司兵衛が建立。元の碑の損壊のため昭和62年（1987）に再建された。

会津藩士の墓地　一心寺

大坂夏の陣（1615年）の際のものを含め、13基の会津藩士の墓がある。墓の銘文には「慶応戊辰正月五日　戦死鳥羽街道」など、戦没時の様子を記すものが多い。

楠葉・高浜・山崎（大阪府枚方市・島本町、京都府大山崎町）
——幕府、京摂間の防衛基地

■島本町・枚方市

高浜台場跡と楠葉台場跡

文久三年（一八六三）、京都守護職の松平容保、淀川両岸の台場建設を建白、勝海舟によって建設を開始。

文久三年、京都守護職・松平容保は、幕府に外国船に対する献策を行った。幕府は大坂から京都に通じる淀川の両岸に台場（砲台）を築造することを決定、設計を勝海舟に命じた。海舟は外に突き出した敵に攻撃されにくい西洋の稜堡式砲台を計画。当時では画期的でこの方式で築城されたのが箱館の五稜郭である。また幕府は内陸の河川に台場を築くのは初めてだった。建設費は容保が命じた豪商からの軍資金があてられた。

この台場築造のもう一つの狙いは、長州をはじめ討幕派の上洛を食い止める関門の役目であり、番所を設けた台場の中を通行させるという要素を含んでいた。こうして設けられたのが淀川右岸の大阪府島本町の高浜台場とその奥の梶原台場、淀川左岸の楠葉台場で、楠葉台場は慶応元年、高浜・梶原両台場は同二年に完成した。楠葉台場の面積は約三万八千平方メートル、火薬庫ほか三門の大砲が配備されていた。そして楠葉は小浜藩（福井県）、高浜・梶原は藤堂藩（三重県）が精鋭の守備兵を配置した。

鳥羽伏見の戦いで、初戦の鳥羽では旧幕府軍は善戦したが伏見に入り戦況は一変。旧幕府軍は大坂へ撤退し、新政府軍は一気に攻め「味方烈しく打ち掛け候ところ、ついに右台場のよう築き立て候場所乗っ取り候」（慶応出軍戦状）と高浜台場は難なく占拠された。高浜、梶原台場を守備していた藤堂藩の寝返りによるものだった。これら台場は大坂からの防備が主で、大坂側は稜堡式砲台を設けて堀幅も大きく造られたが、京都側は無防備に近く、堀も狭かったのも旧幕軍敗因の一つである。

▶高浜台場跡
大阪府三島郡島本町高浜6
【交通】阪急京都線「水無瀬」駅下車、徒歩約8分
▶楠葉葉台場跡史跡公園（国史跡）
大阪府枚方市楠葉中之芝2丁目
【交通】京阪本線「橋本」駅下車、徒歩約13分
【情報】公園に駐車場はありません。

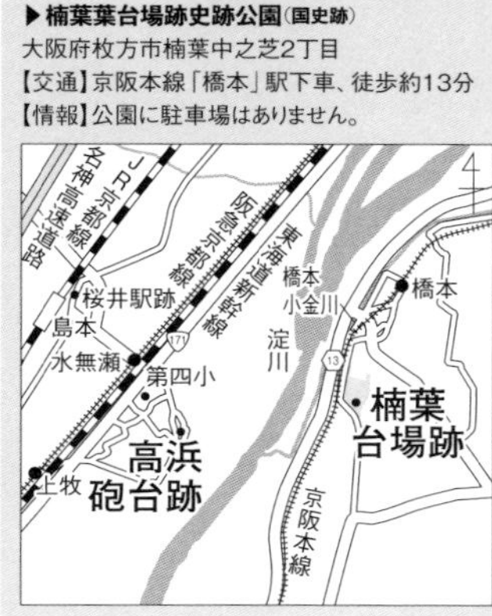

■大山崎町

十七烈士の墓

元治元年（一八六四）七月二十一日、真木和泉守、蛤御門の変に敗れた長州軍の殿軍をつとめ、十六人の志士とともに天王山に登る。幕府軍と戦闘の後、全員自刃。

蛤御門の変（14頁）に敗れた長州兵とそれに従う遊撃軍は山城・摂津両国境の山崎の天王山にある宝積寺（宝寺）に敗走した。敗走兵を率いる久留米（福岡県）水天宮の神官・真木和泉守保臣は負傷のため駕籠で移動、近隣の小倉神社の神官から贈られた祭礼用の金烏帽子と錦の直垂に着替えた。

真木は長州兵に「ここは帰藩し、再起してほしい」と逃がし、十七名で幕府側と最後の決戦に挑んだ。二手に分かれた近藤勇ら新選組の先鋒組は桂川渡しの舟を使い、後陣組は樫原の民家を探索しながら約百五十名、会津兵と見廻組は約四百名で山崎へ向かった。この日は猛暑で、農家は水桶を並べて長州兵を励ました。会津兵らは喉の渇きに耐えきれず、どぶ水を飲みながら長州の敗走兵を追ったという。

真木和泉守像　水天宮蔵

真木ら十七名は、宝積寺に陣を張っていた。双方名乗りをあげ「我々は長門宰相の臣真木和泉守、互いに名乗られて戦い致さん」、近藤も「我も徳川の旗下の者にて近藤勇と申す」と声をかけた。しかし圧倒的な幕府側の攻撃に真木はこれまでと覚悟し、各々は詩を吟じ、勝鬨をあげ発砲し陣小屋に退いた。そして陣に火をかけて全てが切腹し見事に果てた。会津兵は敵から分捕った金三千両と米三千俵を麓の離宮八幡宮と大山崎村の農民に下げ渡した。また新選組は敗走兵を追い大坂に下った。蛤御門の変での殉難者は長州が二百六十五名、幕府側は会津六十名、薩摩八名、桑名三名、彦根九名、越前十五名、淀二名の九十七名だった。

▶十七烈士の墓
京都府乙訓郡大山崎町天王山地内
【交通】JR京都線「山崎」駅から徒歩約15分、阪急京都線「大山崎」駅から徒歩約18分で宝積寺に到着。宝積寺から天王山ハイキングコースにて徒歩20分
【情報】宝積寺からのハイキングコースは足元が山の坂道ため、運動靴が望ましいです。

楠葉と高浜
—淀川の両岸に設けられた2つの砲台

楠葉台場跡史跡公園　国史跡

平成28年(2016)に約3.1ヘクタールが整備された公園。解説板とともに当時の堀や土塁、番所の位置など台場内の各施設の位置もわかる。左方に見える山は天王山(京都府大山崎町)。

高浜台場跡

淀川の大きな土手のそば、地蔵堂のそばに建つ碑。

十七烈士の墓

「烈士墓表」(明治元年9月建立、筑後の池尻始の撰文、藤原季知の書)
を囲むように、真木和泉守以下17人の墓碑が立ち並ぶ

天王山から見た大阪方面の眺め

淀川と楠葉や高浜などの台場の附近も見られる。

十七烈士の碑(烈士墓表)

墓碑の角の欠けは参拝者によってつけられたもので、
破片をお守りにしたと伝える。

堺（堺市）――列強との紛争「堺事件」の現場

■堺・大浜

旧堺港 北波止町の標柱石

慶応四年（一八六八）二月十五日、堺港で、土佐藩兵とフランス海軍の水兵らとの間で銃撃戦が発生。水兵十一人が死亡（堺事件）。

堺港は中世、海外の貿易港として栄えたが、江戸期の大和川の付け替えで港の機能が低下、その後吉川俵右衛門らによって修理、築港されて天保年間から幕末期にはかぼちゃ形の内湾部（現在の旧堺港）が造られ、港入口の南北には砲台が設けられた。

慶応四年二月十五日、この堺港沖にフランス軍艦が停泊、ボートで兵士二十数名が上陸しようとした。港を警備していた明治新政府の土佐藩士がこれを発見、六番隊長・箕浦猪之吉と八番隊長・西村佐平次は兵士を率い駆けつけた。双方言葉が通じず、フランス兵士は手で「大坂で会議している上官を迎えに来た」と訴え、土佐藩兵は「許可を見せろ」と押し問答の末に、乱闘となった。土佐藩兵は鉄砲を発し、抜刀して斬り込む。結果、水兵十一名が死亡、負傷者も十数名も出た（堺事件）。

明治新政府に対しフランスは、この事件での死傷者を翌十六日午後五時までに引き渡すように要求してきた。フランスに対しては新政府の外国事務局判事・五代友厚が交渉役にあたった。五代はかねてより攘夷など時代遅れと思っており、いまだに攘夷を唱える藩士が多く、いずれ外国人との衝突がおこるだろうとみていた。

五代は誠心誠意対処することで、近代国家日本の姿を外国に示さなければならなかった。そこで所持金と堺県からの五百両をもって、船子と交渉し遺体を引き上げるごとに数両支払うことを契約したが、難航し進まなかった。遺体の回収作業が大幅に遅れ、約束の五時をずれ込んだ。苦慮した五代は、時計を遅らしてフランスとの交渉を成立させたという。死亡したフランス水兵はすべて二十代の青年ばかりであった。

旧堺港の標柱石

平成11年（1999）に北波止町で出土したもの。慶応元年（1865）に港を出入りする船に対して、運行上の注意を促すために建てられたと考えられる。

妙國寺

慶応四年（一八六八）二月二十三日、妙國寺において堺事件に関与した土佐藩士二十名の刑が執行され、うち十一名が切腹。

堺事件に連座した土佐藩士は二十九名で、誰が最初に発砲したのかはわからない。藩主の山内豊範に伝えたが、誰が事件の発端かわからぬので、土佐稲荷神社（大阪市西区北堀江）に詣で、くじ引きで二十名を決め、そのうち十一名が妙國寺にて切腹、残りの九名は土佐藩預かりとなった。妙國寺は法華宗の寺院で永禄五年（一五六二）の建立。皇室の勅願寺で、大蘇鉄で知られている。

この堺事件では交渉人としてフランス側はフランス公使のレオン・ロッシュ、日本側は英語ができ、交渉術の堪能な薩摩の五代友厚が務めた。交渉に際しては井上馨・伊藤博文も駆けつけた。五代は機敏で、フランス海軍の軍艦・デュプレクス号に赴き、交渉の末、フランス側は明日（二月二十三日）四時までに日本の責任者の謝罪と犯人全員を連行し、犯人の斬首には侍は誇りがあるので切腹を申し入れた。そして土佐藩は堺から退去し、十五万ドル（九億円）の賠償金で交渉が成立した。

二月二十三日、藩士二十名は総勢四百名の護衛に守られながら妙國寺に到着、両国の検死役立ち合いのもと、次々と切腹することになった。十番目の箕浦猪之吉が十文字に腹を斬り、内臓を投げつけるところで介錯、十一番目で日が暮れ、十二番目の橋詰愛平でフランス側から中止を申し出た。切腹のあまりの壮絶さに気分が悪くなったのだという。

八番隊長の西村佐平次は切腹に際し「風にちる露となる身はいとはねどこころにかかる国の行末」という辞世を残し、無念さをにじませた。十一名の遺骸は妙國寺に隣接する宝珠院に葬られ、「残念さん」として知られるようになった。

残りの藩士九名は帰藩後、禄を剝奪され、四万十川の西の入田村で幽閉されたが、明治天皇即位の大赦令で赦免となった。

▶妙國寺
大阪府堺市堺区材木町東4丁1-4
【電話】072-233-0369
【交通】阪堺線「妙國寺前」駅下車、徒歩約5分。南海高野線「堺東」駅下車、徒歩約15分。
【情報】〈客殿・宝物室〉拝観時間:10時～16時半　定休日:年末年始　拝観料:400円。客殿から庭を通して「英士割腹跡」の碑が見られます。また宝物室では土佐藩士の陣笠や画像など堺事件の関連資料が拝見できます。
▶堺港　北波止町の標柱石
大阪府堺市堺区北波止町15
【交通】南海本線「堺」駅下車、徒歩約10分

堺

「英士割腹跡」碑(左)と土佐十一烈士の芳名碑(右)　妙國寺

「英士割腹跡」碑は堺事件から7ヵ月後の慶応4年(1868)9月に建立。芳名碑は昭和43年(1968)に明治百年を記念して建立された。

Japon. — Assassinat par des Japonais du Daïmio Toza, de onze marins français du *Dupleix*, à Sakai, près d'Osaka. (D'après le croquis de M. Brunet, capitaine d'artillerie de la mission militaire française au Japon.)

堺事件を描いたフランスの新聞記事(「ル・モンド・イリュストレ」1868年6月13日号)

横浜開港資料館蔵

兵庫

旧神戸居留地十五番館（神戸市中央区）

尼崎・西宮（尼崎市・西宮市）——摂海（大阪湾）の防衛と海陸交通の地

■尼崎 大物

残念さんの墓（山本文之助墓所）

元治元年（一八六四）七月十九日の蛤御門の変に敗走中の長州藩兵・山本文之助、尼崎藩に捕縛され、その日のうちに自刃。

蛤御門の変で京都から敗走する長州兵の多くは、西国街道を下り兵庫から海路で長州へ落ち延びた。この敗走途中に自刃した無名の兵士の亡骸を庶民は「残念さん」と呼んで密かに葬り、菩提を弔った。その「残念さん」の一人が山本文之助鑑光だ。

山本は尼崎藩に捕らえられたが黙秘し、留置場の厠で自決した。一説には獄吏に望みがあれば一つだけ叶えるといわれ、残念無念と言い残し切腹したという。長州藩の御用商人・油屋喜平らは山本の意志を尊び、遺骸を引き取り埋葬、墓碑を建てた。

畿内では会津藩を恨み、長州に同情的だった庶民は十四代将軍・徳川家茂が長州再征のため大坂に入ると、世情の不安と不景気に対する不満を幕政に向けた。そして山本の墓「残念さん」に「病気が治る、目がよく見える」といって日々詣でる人が押し寄せ、砂をお守りに持って帰った。さらに大坂の長州藩邸の稲荷社の柳には万病に効く神徳があるとして、葉を持ち帰った。そのため周辺の柳まで裸同然となった。

「残念さん」にはついに食べ物売りの屋台までが並ぶようになり、この残念信仰と長州藩の人気を懸念した幕府は、柳の木を掘り起こしたりして庶民の長州ひいきの取り締まりを強化した。さらに幕府は長州からの船止めのために米の流通が止まり大坂の物価が高騰、長州出入りの料理屋主人や加担した者まで捕縛した。こうして長州の攘夷運動や流行神の残念信仰がきっかけで、世直し一揆が巻き起こらないかと幕府は警戒していた。

▶残念さんの墓（山本文之助墓所）
尼崎市杭瀬南新町4丁目9-13　杭瀬東墓地内
【交通】阪神本線「大物」駅下車、徒歩約5分

西宮砲台・今津砲台跡記念石

文久三年（一八六三）八月三日、勝海舟の建議を受け、幕府、西宮と今津に砲台の建設を着工、慶応二年（一八六六）に完成。

文久三年四月、幕府の軍艦奉行・勝海舟の指導のもと、門下生の佐藤政養（まさやす）は設計図面作成から縄張り、石垣構築、土木工事まで立ち会って台場（砲台）設置を指導。結果、和田岬・湊川・西宮・今津に四基の石堡塔（砲台）と八基大砲の台場が設置された。特に四基築造は老中格・小笠原長行を筆頭に勘定奉行、目付、大坂奉行の御台場築立御用掛によって着工され、江戸から勝らの有能な識者が投入された。

石堡塔は臼砲台とも呼ばれ、幕府は早期の完成を目指していた。石材は徳島や塩飽諸島などの花崗岩が用いられたが、石材切出しなどその調達に手間取り、また久しぶりの公共事業に請負人が儲けを期待したこともあって工事は大幅に遅れ、あしかけ四年になる難工事となった。西宮・今津両台場の完成はともに慶応二年後半頃である。

これらの工事を描いた「摂州海岸辺神戸付近海防御固之図」（霊山歴史館蔵）は、尼崎城下から須磨村にいたる西摂地域の海岸防備を西国街道の道中図をもとに正確に尺図したもので、幕府の上級役人が制作したものと推測できる。

西宮・今津台場に工事中を意味する「石堡塔普請中」の添え書きと、和田岬の石堡塔の台場にも竹囲いの矢来や工事小屋がみえる。また当時の台場築造の様子を撮影した写真がオランダのライデン大学に所蔵されている。これら台場の守衛分担の藩は姫路（兵庫県）・津（三重県）・岡（大分県）・郡山（奈良県）の四藩が短期で交代した。

造られた台場のうち、砲台が現存するはこの西宮と和田岬（82頁）のみである。西宮砲台の場合、高さは約十二メートル、直径約十七メートルで、外側に漆喰が塗られている。二層目にある十二個の孔は、大砲で四方を狙う十一個の砲眼と窓で、完成後に試射をしたが、煙が内部に充満し、実用はされなかった。

▶西宮砲台
兵庫県西宮市西波止町1-14　御前浜公園
【交通】阪神本線「西宮」駅から阪神バスで「西波止」下車、徒歩約5分。阪神本線「香櫨園」駅下車、徒歩約20分

▶今津砲台跡記念石
西宮市今津真砂町1-13
【交通】阪神本線「甲子園」駅から阪神バスで「南甲子園小学校前」下車、徒歩約10分

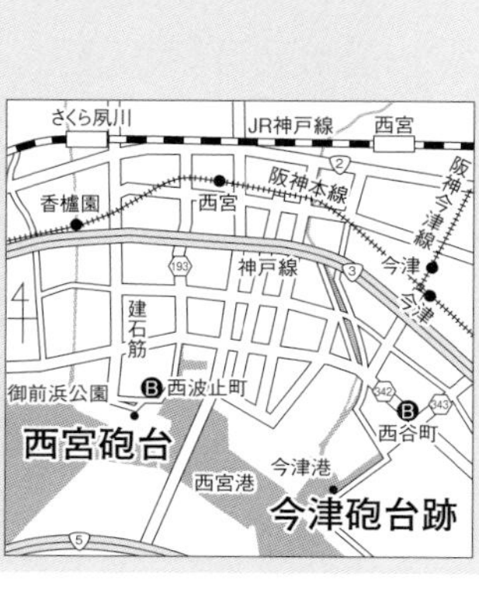

さくら夙川
JR神戸線
西宮
阪神本線
阪神今津線
香櫨園
西宮
神戸線
今津
今津
建石筋
御前浜公園
西波止町
西宮砲台
西宮町
今津港
西宮港
今津砲台跡

残念さんの墓(山本文之助墓所)

杭瀬東墓地の入り口付近にある。台座には「長州」の文字。「元治元年甲子七月廿日行年」と刻まれている。

尼崎・西宮

残念さんの墓　裏面の銘文

西宮砲台　国史跡

砲台から大阪湾側を見る。砲台は明治17年(1884)に火災に遭うが、創建当時の姿をよく留める。

今津海岸砲台記念石

この碑は大正4年(1915)砲台が民間に払い下げられた時、残された砲台の石材によって建立された。

三宮・元町（神戸市中央区）——神戸事件の現場、外国人居留の地

■元町

旧神戸居留地十五番館・神戸外国人居留地碑

慶応三年十二月七日（西暦一八六八年一月一日）の兵庫開港にともない、幕府、神戸村に外国人居留地と港の造成を行う。

幕府は安政五年（一八五八）に安政五ヵ国条約を結び、西暦一八六三年から兵庫津を開港して外国人居留地と自由貿易を認めることを確約した。しかし、兵庫津が京都に近いこともあって、開港に孝明天皇は断固反対。朝廷の勅許がおりず五年後に延期したものの結論が出ず、慶応三年四月、幕府はイギリス・アメリカ・フランスと開港交渉を持ち、「兵庫大坂規定書」を交して条約済の各国人が神戸村と生田川との間に居留地を設けることを決定した。これにより兵庫津から離れた神戸村と決まったこともあり、同年五月二十四日ようやく勅許がおりた。

神戸村は慶応元年九月、イギリス公使・パークスの随行員が兵庫津や神戸の港の水深などの現地調査を行い、貿易港に適合すると報告していた。幕府も閉鎖中の神戸海軍操練所の跡地利用も視野に入れ、神戸村を候補地と選んだともいう。

慶応三年十二月七日、幕府は開港にともない、神戸村に百二十六区画の外国人専用の居留地と港の造成を行った。そしてこの地に商館をはじめ領事館、ホテル、教会などが建った。

その後、神戸外国人居留地は繁栄し明治二十五年（一八九二）、勅令により「神戸港」と名づけられ、居留地は同三十二年七月十七日まで存続した。居留地十五番館は、現存する最も古い建造物で、平成元年（一九八九）に重要文化財に指定。阪神淡路大震災で倒壊したが、復元復旧された。

▶旧神戸居留地十五番館
神戸市中央区浪速町15
【交通】JR神戸線、阪神本線「元町」駅下車、徒歩約8分。市営地下鉄海岸線「旧居留地・大丸前」駅下車、徒歩約5分

▶神戸外国人居留地碑
神戸市中央区西町
【交通】JR神戸線、阪神本線「元町」駅下車、徒歩約3分。市営地下鉄海岸線「旧居留地・大丸前」駅下車すぐ。※大丸神戸店の西隅にあります。

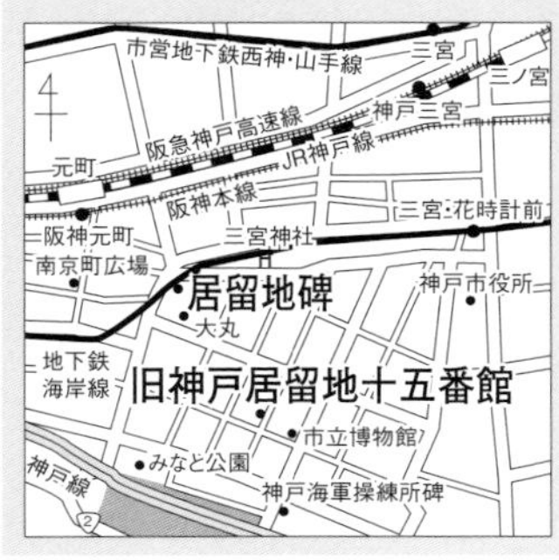

三宮神社

慶応四年（一八六八）一月十一日、神戸の三宮神社で、備前藩兵がフランス人水兵に負傷を負わせ、銃撃戦に発展（神戸事件）。

慶応四年一月十一日、三宮神社前で神戸事件が起った。

三宮神社は、同市の生田神社の八柱の裔神を祀った八宮の三柱目にあたる古社で、「三宮」の地名の由来となっている。この時、備前藩（岡山県）の隊列約四百八十名が西国街道を東方面に向かっていた。そしてこの神社前で武士のしきたりを熟知しないフランス人水兵数名がこの隊列を横切った。供割行為で無礼打ちも辞さない、備前第三砲兵隊長の滝善三郎が槍を持ち、止まれと発したが言葉が通じず、従者が激高し斬りつけたため、水兵らは民家に逃げ込んでピストルを構え、とっさに藩士が鉄砲というと「撃て」と聞き間違え、備前藩士約五百名とフランス・イギリス・アメリカの海兵らとの銃撃戦へと発展、フランス水兵二人が負傷したという。

さらにフランスら諸外国公使が、外国人居留地の予定地の検分を行っていたところに備前藩士が一斉に水平発砲し、後ろの建物へ当たった。事件を知り、急遽備前藩の後部隊は、常に参勤交代で通る徳川道に変更したという。

明治新政府は、この初めての外交問題に懸念し、尊王攘夷から開国和親へ政策を転換したこともあって厳重な処理を行い、結果、永福寺（神戸市兵庫区、79頁参照）の座敷で欧米各国側の立会いのもと滝善三郎が責任を負い切腹、藩家老の日置帯刀は謹慎処分となった。

この事件後、一月十四日に土佐藩士・本山茂任が京都から錦の御旗を運んでいる時、事件にからみ、フランス水兵に御旗を奪われた「錦旗紛失事件」が起きたが、速やかに返還されている。

三宮神社の境内には、神戸事件で使用されたものと同型の大砲が設置され、当時を偲ぶことができる。

▶三宮神社
神戸市中央区三宮町2丁目4-4
【電話】078-331-2873
【交通】JR神戸線、阪神神戸高速線「元町」駅下車、徒歩約3分

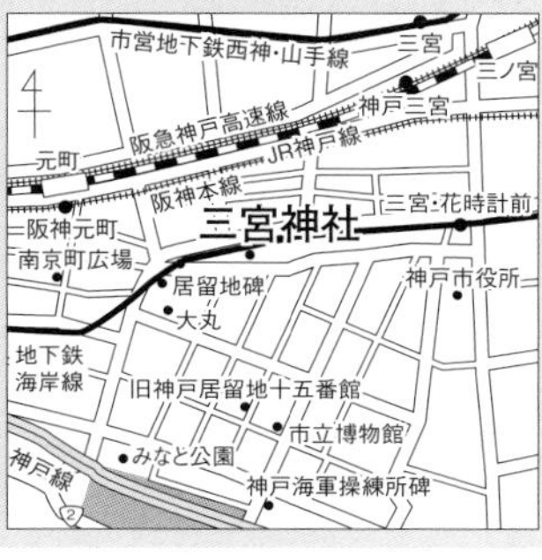

旧神戸居留地十五番館　重要文化財

明治14年(1881)ごろの建築。神戸市にのこる異人館として最も古い建物で旧居留地に残る唯一の遺構。木骨煉瓦造二階建、寄棟造、桟瓦葺。

神戸市
—三宮・元町

神戸外国人居留地碑

碑には当時の居留地の地図が鋳出されている。居留地は慶応3年12月7日(1868年1月1日)の設置から明治32年7月17日まで存続した。

三宮神社　神戸事件発生の地の碑

三宮神社の大砲

神社に寄進された三宮事件当時のものと思われる大砲。事件とは直接関係はないもの。

神戸から垂水へ（神戸市中央区・兵庫区・垂水区）——海軍揺籃の地と楠公崇敬の史跡

■新港町・諏訪山公園

神戸海軍操練所跡碑、みなと公園・諏訪山公園の海軍営之碑

元治元年（一八六四）五月、軍艦奉行・勝海舟の建言により幕府、神戸海軍操練所を設置。陸奥宗光らが入所。

神戸市中央区新港町とみなと公園（波止場町）には神戸海軍操練所を顕彰する碑がある。

元治元年五月、軍艦奉行だった勝海舟は幕府に海軍士官養成の神戸海軍操練所の設置を建言した。海舟は全国の若い志士を集めて「一大共有の海局」、つまり日本の海軍局の設置を構想していた。この構想は広くアジアを取り込み、世界へと雄飛する壮大なものであった。

海舟はまず前年の文久三年三月から九月まで、大坂の専称寺に海軍塾を立ち上げ、門弟の佐藤政養（まさやす）を塾頭としていた。この塾に坂本龍馬は同士を引き連れて入塾、佐藤から海軍技術や語学を学んでいる。やがて幕府は畿内の海防強化を図るための海軍操練所開設を決定。海舟の命を受けた龍馬は越前（福井県）へ行き、松平春嶽から出資金千両の確約を取りつけた。

こうして神戸海軍操練所は摂津国神戸村の総面積約一万七千坪の広大な敷地に建設され、練習船の修理や係留船ドッグが整備され、運営費は年間三千両であった。操練所では海舟が主任（所長）、津田近江守・松平勘太郎が会計と設計を受け持った。練習生は公募で、畿内の旗本・御家人の子弟はじめ西南雄藩の有能な海軍に志のある藩士を募り、生田神社近くで塾寮生活を送り、約二百名が在籍したという。授業は午前中のみで、その後は自習時間にあてられた。このほかに私塾の海軍塾（海舟塾）を併設、ここでは龍馬が塾頭をつとめ、陸奥宗光、高松太郎、千屋寅之助、望月亀弥太（もちづきかめやた）ら同士が入門し、航海術などを佐藤政養、肥田浜五郎、赤松左京らから取得した。

この頃の龍馬の夢は北海道開拓に同志二百名で渡ることで、開拓と北方防備の屯田兵計画をたてていた。だが元治元年六月五日、京都で池田屋事件（22頁）が勃発し、塾生の望月が加わっ

ていたことが露見。幕府は海舟の役職を罷免し、翌二年三月十八日に海軍操練所の閉鎖を決定した。塾生とその周辺は志半ばでの操練所閉鎖に落胆し、また海舟は大坂城代から江戸へ帰還命令が下され、軍艦奉行の役職を罷免された。海舟は江戸への帰路に「世の中も我が身もいかになるみがた　ひかた路遠く千鳥啼くなり」と無念さを詠んだ。

ところで海舟は海軍操練所設立の頃、その歴史を刻む「海軍営之碑」の建碑計画を立てていた。しかし海軍操練所の閉鎖に伴い建碑も中止となった。海舟は神戸村の庄屋・生島四郎太夫に依頼して碑を地中に埋めることを命じた。その後生島は密かに奥平野村の別邸に運び込み、そこに碑を建てた。かつて海舟はこの生島の別邸に下宿しており、そこには三十坪の塾生寮もあり、ここから海舟は馬で海軍操練所まで通っていたという。その後生島家別邸の「海軍営之碑」は大正四年（一九一五）、海軍操練所にゆかりの地である諏訪山（現在の中央区諏訪山公園内）の金星台に有志によって建碑された。そしてみなと公園に昭和四十八年（一九七三）、諏訪山公園の海軍営之碑の複製品が建てられた。また新港町のＮＴＴ前には、戦前の戦艦の錨を用いた「神戸海軍操練所跡碑」が建てられている。

みなと公園の海軍営之碑の隣には「陸奥宗光顕彰碑」が建立されている。龍馬と共に海舟の海軍塾で学んだ紀州藩士の陸奥は、明治二年（一八六九）六月に第四代兵庫県知事に就任。その後、第二次伊藤博文内閣では外務大臣をつとめ、不平等条約の改正、関税自主権、日清戦争後の下関条約締結などの輝かしい業績を残している。

神戸海軍操練所（古写真）

▶神戸海軍操練所跡碑
神戸市中央区新港町17-1
【交通】JR神戸線「三宮」駅、阪神神戸高速線「神戸三宮」駅下車、徒歩約10分
▶みなと公園（海軍営之碑・陸奥宗光顕彰碑）
神戸市中央区波止場町1-5
【交通】JR神戸線、阪神神戸高速線「元町」駅下車、徒歩約10分
▶諏訪山公園（海軍営之碑）
神戸市中央区諏訪山町5-1 ※地図は77頁
【交通】JR神戸線「三宮」駅から市バス6・7系統で「諏訪山公園下」下車、徒歩約10分。市営地下鉄西神・山手線「県庁前」駅下車、徒歩約20分

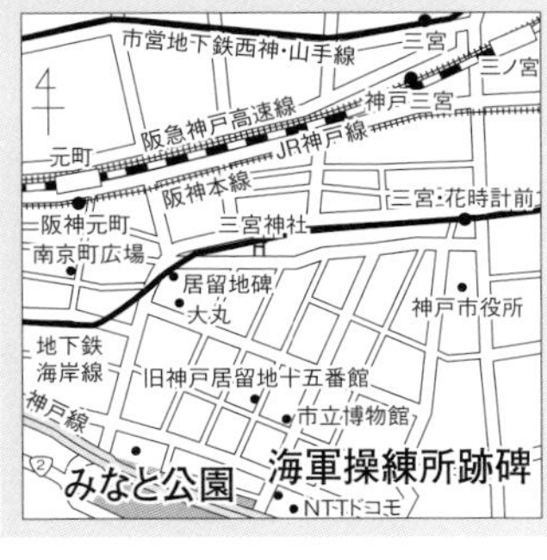

神戸市
―神戸海軍操練所ゆかりの地

神戸海軍操練所跡碑

昭和43年(1968)に建立。旧戦艦の錨を用いた碑。

みなと公園　海軍営之碑(左)と陸奥宗光顕彰碑(右)

ともに昭和48年(1973)に建てられた碑。「海軍営之碑」は諏訪山公園の碑(77頁)の複製。

諏訪山公園(海軍営之碑)

裏面には、この碑の建碑が中止となって生島家の庭に保管され、のちに再び建立された経緯と和歌が松平春嶽によって書かれ、刻まれている。

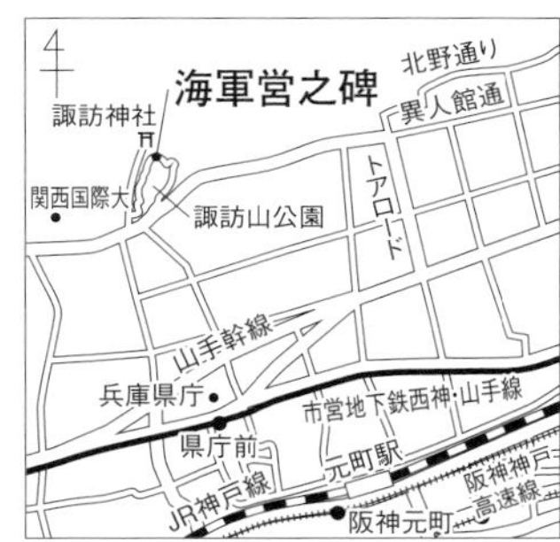

■中央区

湊川神社 楠木正成墓所と湊川公園

文久三年（一八六三）八・一八の政変により三条実美ら急進派の七卿が都落ち、八月二十一日、湊川の楠公墓碑に参拝の後、長州に向かう。

神戸市中央区の湊川神社は「楠公さん」と呼ばれる。南北朝時代、後醍醐天皇の親政を貫く建武政権のため、足利尊氏との戦いに志なかばでこの湊川の地で自刃した名将・楠木正成公を祀る。そして元禄五年（一六九二）、第二代水戸藩主・徳川光圀は現在の同社の地に「嗚呼忠臣楠子之墓」を建碑した。

尊王攘夷運動が高まりを見せた幕末期、西郷隆盛、吉田松陰はじめ多くの尊攘志士から正成は聖人と敬慕された。それまでも浄瑠璃や歌舞伎の演目に取り上げられ、「嗚呼忠臣楠子之墓」の拓本が出回るなど広く信仰され、親しまれた。

薩摩藩は国家多難な情勢を鑑みて、楠公の精神を高揚する神社の創建をすべきと唱えた。国父・島津久光に随行し入洛した薩摩藩士・折田要蔵は水戸の藤田東湖の門人で、最初に「楠公神社建白書」を出している。

元治元年（一八六四）の八・一八の政変の時、三条実美ら七卿は都落ちに際し、楠公の墓前に維新回天の祈願をしている。また志士たちは、江戸行きや畿内に入るとまず楠公に墓参し、報国の至誠を誓って歌を詠んだ。

月と日の昔を忍ぶみなと川流れて清き菊の下水（坂本龍馬）

みなと川身を捨ててこそ橘の香しき名は世に流れけん（久坂玄瑞）

明治元年（一八六八）、明治天皇は楠公の忠義心を称え、勅命で神社創建の運びとなった。明治二年、正成の殉節地と墓所など約八千坪を境内地とし、同五年五月二十四日、湊川神社が創建された。湊川神社の社号は神祇官の八木雕が湊川の地名にちなみ名づけた。初代宮司は折田要蔵で、半生を神明奉仕に尽くした。また明治四十四年（一九一一）には湊川公園が整備され、昭和十年（一九三五）に大楠公六百年祭が挙行された。

▶湊川神社（楠木正成墓所）
神戸市中央区多聞通3丁目1-1
【電話】078-371-0001
【交通】JR神戸線「神戸」駅下車、徒歩約3分。阪急・阪神神戸高速線「高速神戸」駅下車、すぐ
【情報】宝物殿があり、楠木正成の関連資料が展示されます。

▶湊川公園
神戸市兵庫区荒田1丁目
【交通】市営地下鉄湊川線「湊川」駅下車、徒歩約3分。市営地下鉄西神・山手線「湊川公園」駅下車、すぐ
【情報】園内に楠木正成公の銅像があります。

■兵庫区

能福寺 ジョセフ・ヒコの英文碑

元治元年（一八六四）六月二十八日、ジョセフ・ヒコ（浜田彦蔵）、英字新聞を日本語訳した日本最初の新聞「海外新聞」を発刊。

兵庫区北逆瀬川町の能福寺の境内には、日本で初めて日本語の新聞を発行したとされる「日本新聞の父」ジョセフ・ヒコの英文の碑がある。これは日本の初の英文碑といわれている。ヒコは天保八年（一八三七）播磨国（兵庫県）古宮村の農家に生まれ、彦太郎、のちに浜田彦蔵と称した。十三歳の時、義父と船で江戸へ向かったが、遭難して二ヵ月にわたり漂流、アメリカ商船オークランド号に救助されサンフランシスコに着いた。そして幕府の鎖国禁教政策後、日本人として初めてカトリックの洗礼を受け、アメリカ市民権を得た。安政五年（一八五八）、五カ国条約と開港によって帰国を果たしたヒコは米国駐日公使・ハリスの神奈川領事館通訳に採用され、再びアメリカに戻った文久二年（一八六二）には大統領エイブラハム・リンカーンに会見、握手をしている。

その後再び日本に帰国し、領事館通訳を務めるが辞職、居留地で貿易商を営んだ。元治元年（一八六四）六月二十八日、ヒコは岸田吟香の協力で英字新聞の日本語訳の「海外新聞」を発行したが、赤字で数ヵ月のうちに廃刊となった。ヒコは木戸孝允・伊藤博文にアメリカ大統領は四年任期で、国民の選挙で選ばれるという「民主政治」を伝授したという。

明治二十四年（一八九一）、能福寺に豪商・南条荘兵衛が青銅製の「兵庫大仏」を建立、同じ頃、同寺の加藤慈晃大僧正は神戸に訪れる外国人観光客が増えたことから、寺の縁起を英訳した碑の建立を計画。檀家で幕末維新期、新政府に貢献した豪商の北風正造に相談し、神戸で紅茶の貿易を行っていたヒコに英訳を依頼したという。能福寺の境内には他にも神戸事件（71頁）に際し、責任をとって切腹した備前藩士・滝善三郎の慰霊碑や北風正造の顕彰碑がある。

▶能福寺
神戸市兵庫区北逆瀬川町1-39
【電話】078-652-1715
【交通】JR神戸線「兵庫」駅下車、徒歩約15分。市営地下鉄海岸線「中央市場」駅下車、徒歩約10分

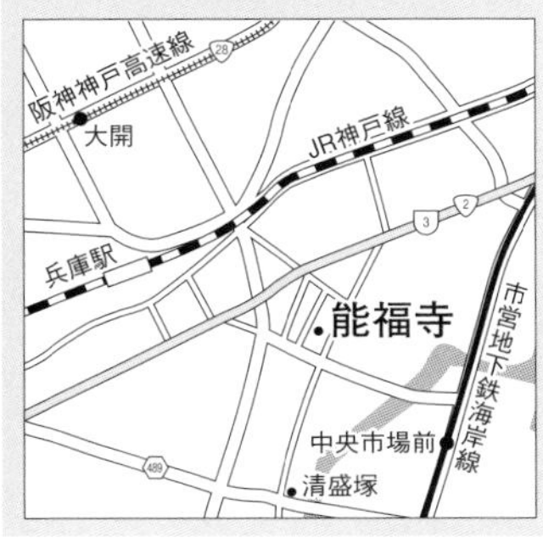

**湊川神社
岡藩士が寄進した石燈籠**

元治2年(1865)に豊後国(大分県)の岡藩士が碑の近くに寄進したもの。周辺には尼崎城主ほか各所から寄進の石燈籠が立ち並ぶ。

湊川神社　楠木正成墓所

元禄5年(1692)、水戸藩2代藩主の徳川光圀によって建碑された碑。表の「嗚呼忠臣楠子之墓」の字は光圀の書で、吉田松陰は座右にこの碑の拓本を掲げたという。

湊川公園　楠木正成の銅像

昭和10年(1935)5月25日の大楠公六百年祭に際して建立されたもの。

神戸市
―神戸駅・兵庫駅周辺

ジョセフ・ヒコの英文碑　能福寺

明治25年(1892)頃に、当時の住職・加藤慈晃がジョゼフ・ヒコに依頼して、参拝する外国人のために同寺の縁起を英文にして碑としたもの。上に英文、下に漢文によって縁起を記している。

滝善三郎の慰霊碑　能福寺

もとは善三郎が切腹した南仲町の永福寺にあったが、昭和44年(1969)の善三郎の百回忌を記念して現在地に移設。

滝善三郎慰霊碑の解説板(部分)

事件の解説とともに善三郎最期の図(原画はカネテツ・デリカフーズ蔵)を掲示する。

■兵庫区

和田岬砲台

文久三年（一八六三）五月、幕府、勝海舟の監督、灘の嘉納次郎作の工事請負により和田岬に台場（砲台）を着工、元治元年（一八六四）に完成。

和田岬砲台は、西宮砲台（67頁）とともに数少ない幕末期の砲台の一つであり、現在、三菱重工業によって管理、保存されている。

文久三年五月、幕命で勝海舟が総監督となって和田岬の台場築造が開始された。海舟によれば「わが石堡塔取り調べの命を奉ず。すなわち意を門人佐藤与之助（政養）に授け、その図面および雛形を製作せしむ」と伝えており、海舟の弟子・佐藤政養が五月七日、大坂町奉行から和田岬砲台の縄張りのための出張を命じられた。自ら設計した図面をもとに、現場監督である灘の嘉納次郎作（子は柔道創始者・嘉納治五郎）の工事請負により着工、土木技術は神奈川台場の築造の経験をもとに杵築藩（大分県）の佐藤恒蔵が補佐して一年あまりで完成した。総工費二万五千両であった。

江戸の台場に比べ、兵庫県一帯の台場建設は構造上でも画期的なものであった。それは敵が上陸した内戦を想定した構造にしている点にある。中央に円形の石堡塔を据え、その外部に星形稜堡ないし円形の土塁を配した二重構造の台場であることが特徴で、防御範囲が三六〇度となっている。

強固な基礎工事が行われ、約三千トンの花崗岩、石堡塔の外部は石造りとなっている。内部は木造二階建て、裾部分で直径が十五メートル、二階の直径が十四メートル、高さ十一・五メートルの円筒形、延べ十段の扇形の石積み、以前は石堡塔に厚さ九センチの漆喰が塗られていたという。一階の半分は土間で中央には井戸を掘り、木造りの床は火薬室で奥には弾薬棚が据えつけられていた。二階は大砲を据えるために頑丈で、砲門が十一ヵ所あった。大砲六十斤砲と十八斤砲の二門が設置され、試射訓練も行われたという。

▶和田岬砲台
神戸市兵庫区和田崎町1-1-1　三菱重工業神戸造船所内
【電話】078-672-4820（三菱重工業神戸造船所総務係）
【交通】JR 和田岬線・市営地下鉄海岸線「和田岬」駅下車、徒歩約4分
【情報】毎月第2木曜日に見学会を実施。　開始時間:9時30分、10時30分　参加費:無料　要申込（3日前までに電話にて受付）
※現在（2021年5月）、新型コロナウイルス感染への防止対策のため、当面の間、臨時休館しています。

■垂水区

明石藩舞子台場跡

文久三年（一八六三）、明石藩主の松平慶憲、幕命により台場を築造。慶応元年（一八六五）に完成。

文久三年四月二十一日、老中・水野忠精（みずのただきよ）は幕命として明石藩主・松平慶憲へ摂津海防のための費用として一万両を貸し付けるので台場（砲台）を築くように命じた。明石藩は二年をかけて舞子台場を築造、慶応元年に完成させた。

明石藩は藩士・潮田范三を御台場御改御用掛に任じ、大坂滞在中の勝海舟のもとに派遣した。潮田と海舟は親交があり、海舟に総監督を依頼して同年五月四日、現地を視察、海舟の弟子・佐藤政養が海軍塾生の高木三郎を同行して設計のため、松尾・絵島の測量と縄張りを実施した。海舟は石工の備前品右衛門、石屋六兵衛を呼び、台場の石仕様を命じ、後日絵図面と雛形を届けることにした。明石藩主は海舟のもとには明石鯛二尾と菓子折り一箱を贈って労をねぎらっている。

しかし佐藤は多忙で、設計図が出来上がらず、明石藩からの使いの者が、大坂・専称寺の海軍塾に催促に行くと数日待ってほしいとの返答している。佐藤は几帳面で、その後も設計に難問ができたため、六月二十五日に明石へ持参するが、この時坂本龍馬と高松太郎を同行させ、台場の築造学の現地講義を行った。佐藤は出羽国飽海郡升川村（現・山形県遊佐町）の出身。幼少の頃から神童と呼ばれた。勝海舟の従者となり、長崎海軍伝習所でフルベッキから測量や軍艦操練を習得した。安政六年（一八五九）には幕府の軍艦操練所蘭書翻訳方、文久二年には大坂台場詰鉄砲奉行となって、近畿地方の台場（砲台）のほとんどの設計・施工に立ち会った。

佐藤がこだわったこの台場設計の特徴は、対岸の淡路島にある徳島藩の松帆台場を見据え、明石海峡を通過する外国船を想定した稜堡式の台場であり、石垣の平面形式がW字になる西洋要塞を参考に設計したものである。大きさは東西七〇メートル、高さは海岸から一〇メートル。右手の台場背面の天端（てんば）敷石は直角方面に一・二メートルの石が敷かれ、大砲を据える基礎工事がなされ、頑丈に補強されていた。

▶明石藩舞子台場跡
神戸市垂水区東舞子町14　舞子公園内
【交通】JR神戸線「舞子」駅・山陽電鉄本線「舞子公園」下車、徒歩約5分

舞子台場跡
舞子公園
山陽鉄道本線
舞子駅
橋の科学館
明石海峡
舞子公園
JR山陽本線
神戸淡路鳴門自動車道
孫文記念館

和田岬砲台の内部

平成26年(2014)に約5年がかりで大改修を完了して公開された内部。木造2階建てで、1階に弾薬庫、2階と屋上に合計14門の砲門が設けられる構造。

神戸市 —和田岬と舞子

和田岬砲台　外観　国史跡

直径15メートル。高さ約11.5メートルの円筒形で、外壁は花崗岩の石造り。

明石藩舞子台場跡　国史跡

明石海峡大橋の真横にある。向こうに淡路島が見える。

明石藩舞子台場跡　天端の敷石側

西端には、平成18年からの発掘調査で出土した築造当時の天板の敷石が残されている。

生野（朝来市）——幕府直轄の銀山で討幕の挙兵

■生野町口銀谷

生野義挙趾の碑（生野代官所跡）

文久三年（一八六三）十月十一日、河上弥市、平野国臣ら尊攘派浪士、生野で挙兵決行（生野の変）。翌十二日、生野代官所に入る。

福岡藩出身の浪士・平野国臣は三条実美の命で天誅組（102〜103頁）の鎮撫のために大和（奈良県）へ走ったが、既に決起した後で、八・一八の政変によって三条ら七卿は長州へ都落ちしていた。

そこで平野は長州へ走り、天誅組に呼応して勤王の兵を挙げようとし、三田尻の招賢閣にいた七卿の一人・澤宣嘉を擁すことで同志は賛同した。平野は澤を擁して姫路（兵庫県）まで来た時、大和から逃げてきた池内蔵太が天誅組の敗北の報をもたらしたが、平野は、志士と農民三十七名をもって挙兵を決行した。

また長州の奇兵隊第二総監の河上弥市は南八郎と変名し、十三名を引き連れて来た。議論するばかりの同志に立腹して「議論より実を行へなまけ武士国の大事をよそに見る馬鹿　皇国草莽臣　南八郎」と妙見堂の制札になぐり書きし、生野義挙をただちに決行すべしと一喝した。

十月十二日、生野代官所を占拠したが、幕府は姫路藩・出石藩に出陣を命じ、さらに京都守護職・松平容保は生野銀山近郷である柏原・豊岡・竜野・宮津・福知山の各藩へ援軍を要請、完全に包囲した。これを知った農兵たちはいち早く逃走した。南八郎・戸原卯橘らは残兵を率いて生野の北部に位置する山口村妙見山（岩州山）をめざした。その頃、平野らは生野の本陣を捨て下山、南は寝返りする一部の農兵の首を刎ねた。こうして生野義挙はわずか三日で敗北。妙見山麓の山伏岩（89頁）で十三人の志士が自尽し、澤はいち早く逃げ去った。平野ら多くの志士が捕らえられ、京都の六角獄舎（20頁）でのち斬首された。

▶生野義挙の碑（生野代官所跡）
兵庫県朝来市生野町口銀谷
【交通】JR播但線「生野」駅下車、徒歩約10分。
播但連絡道路「生野インター」から約5分

生野義挙の碑
播但連絡道路
312
生野小
市川
生田IC
39
朝来市観光情報センター
JR播但線
生野駅

■生野町山口

山口護国神社

文久三年（一八六三）十月十三日、河上弥市（南八郎）ら尊攘派浪士十三人、乱闘ののち妙見山麓で自刃。

山口護国神社は朝来市山口の妙見山の麓にあり、もとは「生野山口招魂社」と呼ばれた。ここは生野義挙で自刃した奇兵隊第二総監南八郎をはじめ、日露戦争や第二次世界大戦での地元の戦没者を祀る護国神社で、朝来出身の実業家・原六郎は義挙の戦死者十七名を祀るこの神社の創建に多額を奉納している。

原は但馬国佐中村（兵庫県朝来市）の大地主・進藤丈右衛門長廣の子で、名を進藤俊三郎長政という。私塾・青谿書院の池田草庵に入門、塾では北垣国道、西村哲二郎らと親交を結んだ。師の池田は「学問を志す者に過激な攘夷は邪道」と諭すと原は北垣、西村らと退塾、京都で平野国臣らと生野義挙を画策した。生野義挙では武器周旋方として京都の具足商・大高又次郎から武器を調達したが生野で敗れ、潜伏中に原六郎と改名した。敗走する原は京都から江戸へ行き、潜伏中に千葉道場で坂本龍馬と懇意になったという。北垣は但馬国養父の生まれで、長州に潜伏中に勤王の絵師・森寛斎に助けられ、その後、松田道之の推挙で鳥取藩に取り立てられた。維新後、新政府では第三代京都府知事となり、琵琶湖疏水事業を完成させた。西村は但馬の郷士で生野に参戦。原と共に武器周旋方をつとめたが、敗走後に第二次幕長戦争で徳山集義隊に加わったが、隊長と対立し自刃した。

原は維新後、実業家をめざして官費留学で渡米し、イェール大学で経済学、キングス・カレッジで銀行学を学び、多くの企業の創設に奔走、第百国立銀行、東京貯蔵銀行、日本興業銀行、九州鉄道、帝国ホテルの設立に関与、渋沢栄一が設立した理化学研究所へも高額寄付している。

なお、当社境内に「殉節忠士之墓碑銘」と並立する「殉節忠士之墓」は慶応四年（一八六八）二月、山陰道鎮撫総督だった西園寺公望が揮毫している。

▶山口護国神社
兵庫県朝来市山口上山2
【交通】JR播但線「生野」駅から全但バス山口生野線で「山口護国神社」下車、徒歩約2分。JR播但線「新井」駅下車、徒歩約25分。

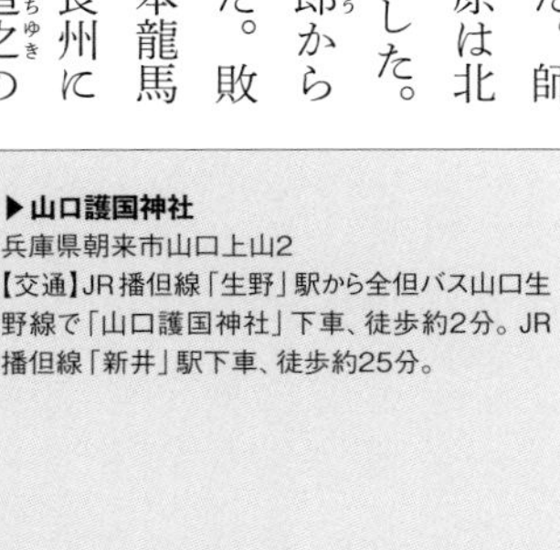

あさご虹大橋
429
312
朝来IC
円山川
播但連絡道路
山口護国神社
JR播但線
田路川

生野

生野義挙跡の碑

昭和15年(1940)の紀元二千六百年を記念して建立された巨大な碑。

山口護国神社　正義十三士自尽之地(山伏岩)

境内の北側にある大きな岩。ここで河上弥市(南八郎)ほか13人の志士が自尽した。側面に「南無阿弥陀仏」の文字が彫られる。

山口護国神社
殉節忠士之墓(右)**と**
殉節忠士之墓碑銘(左)

殉節忠士之墓は慶応4年(1868)2月、山陰道鎮撫総督の西園寺公望が揮毫、建立した碑。殉節忠士之墓碑銘は、鎮撫総督参謀の折田年秀(要蔵)の撰文。折田はのちに湊川神社(78頁)の宮司となる。

出石（豊岡市）——木戸孝允、潜伏と再生の地

■出石町宵田

桂小五郎再生之地跡碑

元治元年（一八六四）七月十九日、蛤御門の変で長州藩が敗北後、桂小五郎、京都で潜伏するも脱出し、但馬国出石に潜居。

蛤御門の変（14頁）で長州勢は敗走したが、桂小五郎（木戸孝允）は京都に留まり、十歳年下の恋人で三本木の町舞・幾松の庇護を受けながら、市中で戦後処理のため奔走していた。小五郎と幾松を引き合わせたのが、但馬国出石の小間物屋・広戸甚助だった。潜伏中に小五郎は広沢真臣と蹴上（東山区）で駕籠舁きをしていたが、長州びいきの侍から「駕籠舁きにしては足が白すぎるぞ」と忠告された。日増しに会津兵の監視の目が厳しく、小五郎は対馬藩（長崎県）の多田荘蔵と広戸甚助と相談の末、出石へ身を隠すことにした。

出石藩は外様三万石で信州（長野県）の上田藩より仙石氏が国替えで入った。その時に信州そばを持ち込んだため、出石にはそばの店が現在も多い。

元治元年七月二十四日、小五郎は但馬の船頭に変装し卯左衛門と名乗り、関所をすり抜けて出石へ入る。甚助の弟・直蔵が世話係となり、広戸家の檀那寺・昌念寺（豊岡市出石町魚屋）に身を隠した。出石藩には広戸の分家と願い出て、宵田町に荒物屋を営み、広戸孝助と名乗った。この荒物屋の跡地に「桂小五郎再生之地跡碑」が建てられている。

出石で小五郎は、しばしば藩士の堀田友爾と昌念寺で囲碁に興じ、蛤御門の変後の動向を探った。長州では幕府に恭順する保守派の俗論党のために小五郎の同志数名が斬られたことを知り「思うほど思い甲斐なき浮世かな」と心境を詠んだ。幾松も出石を密かに訪ね、小五郎を励ましている。

昌念寺近くに建つ桂小五郎潜伏之地碑

つたや旅館の「木戸松菊公遺跡 松本屋屋敷跡」の碑（昭和8年建立）と解説板　豊岡市城崎温泉

出石の船着き場では博徒が賭場を開き、小五郎はしばしば出かけてそこで京都の情報を得た。出石に潜伏した九ヵ月の間、会津兵が長州の敗走兵を追って探索に来たため、身の危険を感じて但馬国養父(やぶ)の西念寺に隠れ、料理人に姿を変えている。

ある時、城崎温泉（豊岡市）の松本屋に逃れ、京都の情報集めに奔走するうち、いつしか「逃げの小五郎」と呼ばれた。また松本屋に投宿している間、この店の一人娘のたきと恋に落ち、身ごもったが、流産したという。

小五郎は長州藩内では既に戦死したことになっていたが、藩内で俗論党が敗れたのを知り、長州へ帰ることを決意したという。いったん大坂に出たが、難波橋で広戸兄弟が捕らえられそうになったので、小五郎を対馬藩内の大西駒二邸に隠し、闇に紛れて広戸直蔵と小五郎、幾松は大坂湾から赤間関(あかまがせき)（山口県）の茶屋平五郎の船に乗り込んだ。船を通行させる際に人名改めがあり、小五郎は京都宮川町の廣江孝助、直蔵を弟、幾松を女中と偽った。幕府の役人は顔をのぞきこんだが、大声で「よし」と言い渡した。小五郎は神戸沖まで来ると長州なまりで話し出し、一同大笑いした。

途中、下船して楠公の墓に詣で、翌日には金比羅社に詣でて赤間関に着き、細江町の桶久に投宿すると伊藤博文が訪ねてきた。伊藤は小五郎はすでに死んだことと思っていたので、涙で顔を濡らして喜んだ。小五郎は伊藤と京坂の敗走後の情報を話し合い、藩の立て直しを図ることにした。

伊藤は小五郎を庇護してくれた広戸兄弟を花街・稲荷町の大阪屋で宴席を持ち、労をねぎらったという。広戸兄弟は帰路、金毘羅社で偶然、高杉晋作が愛人・うのを連れているところに遭遇。高杉は小五郎が下関に帰っていることを知らなかった。

▶桂小五郎再生之地跡（荒物屋）碑
兵庫県出石市宵田22
【交通】JR山陰本線「豊岡」「江原」「八鹿」駅から全但バスで「出石」下車、徒歩約10分。
※出石そば「よしむら」の横です。

桂小五郎再生之地跡碑

中央下の自然石の碑は桜井勉(1843~1931)の書。桜井は出石の出身で明治新政府に内務官僚として活躍。左の「尺蠖之屈以求伸」の碑は昭和8年(1933)、田中光顕の書。出典は「易経」。

出石

桂小五郎潜伏之地　角屋喜作屋敷跡の碑

出石町田結庄にある。出石には戦前に出石町教育会によって建立されたこの形の潜伏之地碑が7カ所存在する。

奈良

内山永久寺紀念碑(明治22年、天理市杣之内町)

興福寺の植桜楓之碑

弘化四年（一八四七）川路聖謨、奈良奉行に就任。嘉永二年（一八四九）に『神武御陵考』を著し、同時期、奈良市中へ桜・楓の植樹を実施。

日露和親条約や日米修好通商条約への調印に奔走し、開国を唱えた川路聖謨は享和元年（一八〇一）豊後（大分県）日田代官所の役人の子に生まれた。老中・水野忠邦（ただくに）の時代、小普請奉行、勘定奉行などの要職に就いたが、天保の改革の挫折で失脚、奈良奉行へ左遷された。

川路は現場主義で、就任後、奈良の検分を試みた。そこで川路が見た奈良の現状は、名刹の興福寺・東大寺の境内は広くて訪れる人も絶えず、公園のようだが、残念なことに境内の古木の桜、楓は枯れ果てて見るも無残な姿だった。川路はこのことに嘆き、植樹の計画をたて、まず川路自身が桜と楓の苗木を寄付。一乗院宮や大乗院の門跡も賛同し、多くの人々から数千株の苗木が寄付された。そしてこれらを植樹した結果、名刹の境内は見事に桜・楓の美しさで荘厳さを取り戻した。その後、人々の勧めもあって川路はこの植樹のいきさつを認め、一乗院宮の篆額による「植桜楓之碑」を嘉永三年三月、興福寺の境内に建碑した。

川路はこの時、和歌二首を詠んでいる。

植わたす数も千もとの花もみちこれや大和の錦なるらむ

花もみちここにうつして諸人と倶にたのしむこころうれしき

なお、川路の植樹と伝える桜は、今も奈良市法蓮町の佐保川畔にあり「川路桜」と呼ばれている。この他にも川路は奈良奉行時代に、幕府の多聞山城跡の公林が乱伐により荒れ果てていたので、自ら苗木を寄付して植林を奨励、約五十万本を増林した。また嘉永二年には『神武御陵考』を執筆。神武天皇陵の比定地について朝廷に報告している。

▶興福寺（川路聖謨植桜楓之碑）
奈良市登大路町48　猿沢池階段西側
【交通】近鉄奈良線「近鉄奈良」駅下車、徒歩約10分。JR奈良線「奈良」駅下車、徒歩約15分

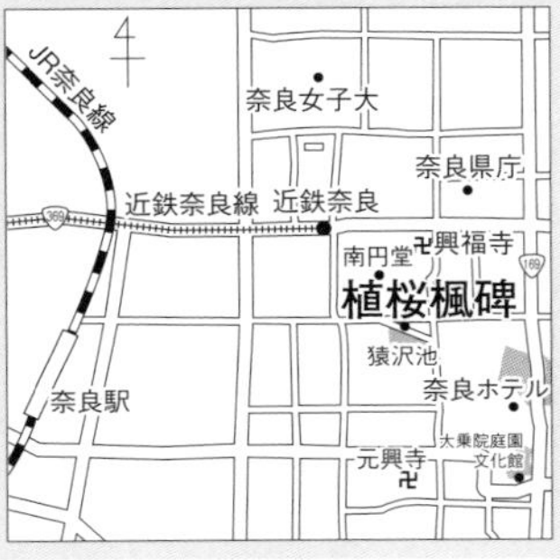

■橿原

神武天皇陵と橿原神宮

文久三年（一八六三）八月十三日、大和行幸の詔が渙発され、天皇の春日大社・神武天皇陵への行幸と攘夷祈願、親征を計画。

文久三年、天誅組（102〜103頁）が侍従・中山忠光を擁して大和（奈良県）に挙兵することが朝廷内で囁かれた。長州勢は急進派の公卿・三条実美らと画策し、将軍徳川家茂への圧力をかけると老中の小笠原図書頭長行は激高。攘夷派を一掃するため、幕兵約千四百名をもって大坂に入り、同年六月二日には淀（京都府）まで来た。このことはいち早く家茂の耳に入り、差し止めとなったので大事には至らなかったが、この一件は朝廷内を混乱させた。三条はこれを攘夷運動の好機到来ととらえ、同年八月、伊勢の神宮行幸を朝議に図っていた。

この計画は久留米（福岡県）の神官・真木和泉守の提唱で、当時の廷臣会議は攘夷派が牛耳っていたため、一部の反対があったものの八月十三日、大和行幸の詔として宣布された。

詔の内容は、攘夷祈願のため大和行幸を決行し、初代天皇である神武天皇陵並びに春日大社を参拝。軍議を開いて御親征の軍を編成し伊勢神宮に鳳輦を進め、廷臣はじめ在京各藩の重臣が供奉し随行するというもので、この詔は攘夷派の勝利する内容であり、ことの次第では討幕をも意味するものであった。

八月十四日、この大和行幸に雀躍した吉村虎太郎らは天誅組に回状をまわして、挙兵のために京都の方広寺（東山区）に同志を集結、忠光ら三十九名で決起し大坂に下った。だが、八月十八日の政変で長州勢と三条らは都落ちし、大和行幸は中止となり実現しなかった。

維新後の明治二十三年（一八九〇）、畝傍山の東麓で神武天皇陵の南、かつて神武天皇の宮「畝傍橿原宮」があったと伝えられる地に橿原神宮が創建された。同二十二年、民間有志による神宮創建の請願に感銘を受けた明治天皇は、京都御所の内侍所を本殿、神嘉殿を拝殿として下賜。官幣大社として創建された。

▶**神武天皇畝傍山東北陵**
奈良県橿原市大久保町
【交通】近鉄橿原線「畝傍御陵前」駅下車、徒歩約10分

▶**橿原神宮**
奈良県橿原市久米町934
【電話】0744-22-3271
【交通】近鉄橿原線「橿原神宮前」駅下車、徒歩約10分

植桜楓之碑

嘉永3年(1850)3月に川路聖謨が植樹の経緯を執筆した碑で、摩滅しているが解説板に碑の全文と釈文が書かれている。

奈良・橿原

佐保川の川路桜

奈良市法蓮町の佐保川の畔にあり、聖謨が植樹したと伝える桜。今でも満開の花を咲かせている

神武天皇陵（畝傍山東北陵）

円丘で、周囲は100メートル、高さは5.5メートルの植え込みがあり、幅16メートルの周濠をめぐらせる。文久3年（1863）にこの地が神武陵に治定され、幕府が15,000両を出して修復している。

橿原神宮

正面に見える建物は外拝殿（昭和14年完成）。背後に見える山は畝傍山。

天理

冷泉為恭終焉の地・内山永久寺跡

元治元年（一八六四）五月五日、復古大和絵の絵師・冷泉為恭、内山永久寺に潜伏中、大楽源太郎らに捕縛の上、殺害される。

冷泉（岡田）為恭は京狩野九代の永岳の甥で、式部と称した。公家の冷泉家とは無関係だが冷泉姓を自称した。田中訥言に大和絵を学び、画人として名声を馳せてからは宮廷・公卿、在京各藩の藩邸に出入りして勤王派、佐幕派分け隔てなく親交を持ったが、国事に持論を唱える癖があり、誤解を招くこともしばしばあった。公卿・三条実万と国事を談じ、一方で京都所司代の酒井忠義の屋敷にも出入りしていた。こうした行動が志士から為恭の挙動を不審とする噂が流れた。

酒井忠義は無類の古美術好きで茶道具を収集した。酒井家は代々藩主が収集の名品を多数所蔵し、特に現在国宝に指定される絵巻「伴大納言絵詞」も所持した。為恭は自らが描いた絵巻「北野天神縁起」の模本一巻を酒井に贈って機嫌を取り、「伴大納言絵詞」の観覧と模写することを依頼した。こうした忠義への接近が、志士から「為恭は幕府側の諜者（スパイ）」だと認識されて天誅の標的になり、ついに室町の住居が襲撃された。為恭への援助を惜しまなかった親幕派の公卿・九条尚忠が失脚したことも原因であった。

為恭は身の危険を感じて西賀茂・神光院（北区）の月心律師に庇護を求め、剃髪し僧に身を変じ、紀州（和歌山県）粉河寺御池坊の願海のもとに逃れ、心蓮房光阿と命名してもらい、為恭の名を使うことも憚り南山隠士と号して日々、仏画等を描いた。

為恭を追跡する志士らは妻・綾衣から為恭の隠れ家を突き止めた。元治元年五月五日、内山永久寺に潜伏していたところを、偽状でおびき出され鍵屋の辻（100頁上）で斬殺された。為恭の首は翌日、大坂本願寺南御堂東角の石燈籠内に晒された。行年四十二。斬ったのは長州藩の攘夷派志士・大楽源太郎と神山進一郎・天岡忠蔵らである。

▶冷泉為恭終焉の地
奈良県天理市永原町
【交通】JR桜井線・近鉄天理線「天理」駅から奈良交通バス「乙木口」下車、徒歩約7分
※碑はJR桜井線の線路近くの私有地（池の畔）にあるため、近づいて見ることはできません。

▶内山永久寺跡
奈良県天理市杣之内町
【交通】JR桜井線・近鉄天理線「天理」駅から奈良交通バス「勾田」下車、徒歩約25分
※駐車場はありません。

■斑鳩

北畠男爵家旧邸・駒塚古墳

文久三年（一八六三）九月二十一日、北畠治房、天誅組の変の最中に脱出路探索のため、師の伴林光平とともに吉野の鷲家口を出発、その後逃亡。

斑鳩町法隆寺二丁目には北畠治房の旧宅（北畠男爵家旧邸）があり、長屋門は和カフェ布穀薗となっている。北畠はもと法隆寺の寺侍で平岡鳩平、平岡武夫と称し、近くの駒塚に住んでいた国学者・歌人の伴林光平に入門。大和五條の医師・乾十郎らの志士と親交を結んだ。伴林は河内国（大阪府）尊光寺の住職・賢静の次男に生まれ、西本願寺学寮や薬師寺で仏道修行した後、国学に開眼、伴信友らに就学し、蘊奥を極めた。

文久三年八月十七日、吉村虎太郎と志士は公卿中山忠光らを擁して天誅組を組織し大和行幸（95頁）の先鋒にならんと大和国に蜂起。伴林、北畠らもこれに参じた。天誅組で、伴林は記録方、北畠は勘定方を務めた。しかし天誅組は各所で転戦の末に敗北、九月二十一日、北畠は鷲家口（東吉野村）から伴林とともに脱出し逃走。途中で別れて行動し伴林と再会することを約束したが、混乱のなか再会は叶わず、北畠はそのまま京都へ向かい、片や伴林は逃亡中に捕縛され、翌年の元治元年（一八六四）二月、京都・六角獄舎（20頁）で斬首された。

その後、北畠は水戸藩士・大庭一心斎に誘われて天狗党の挙兵に加わり、各地で攘夷運動を行ったが維新後、江藤新平の推挙で司法官となり、名も南朝の功臣・北畠親房の末裔と自称し「北畠治房」と名乗る。東京裁判所長や大阪控訴院長を歴任し、男爵となったが、明治二十七年（一八九四）伴林が執筆した天誅組の記録『南山踏雲録』が刊行され、その文中の、北畠が再会の約束に違背して伴林を見殺しにしたという記述が問題となり、土佐派の官僚などの人々から非難されることとなった。これに対し北畠は大正四年（一九一五）に「古蹟弁妄」を著して当時の事情を説明、弁解している。

▶北畠男爵家旧邸
奈良県生駒郡斑鳩町法隆寺2丁目2-35
【交通】JR大和路線「法隆寺」駅から奈良交通バスで「中宮寺前」下車、徒歩約5分
【情報】〈和CAFÉ 布穀薗〉営業時間:10時〜16時　定休日:水曜日
※旧邸の内部・庭園は非公開です。

▶駒塚古墳
奈良県生駒郡斑鳩町東福寺1丁目
【交通】JR大和路線「法隆寺」駅から奈良交通バスで「法起寺口」下車、徒歩約3分

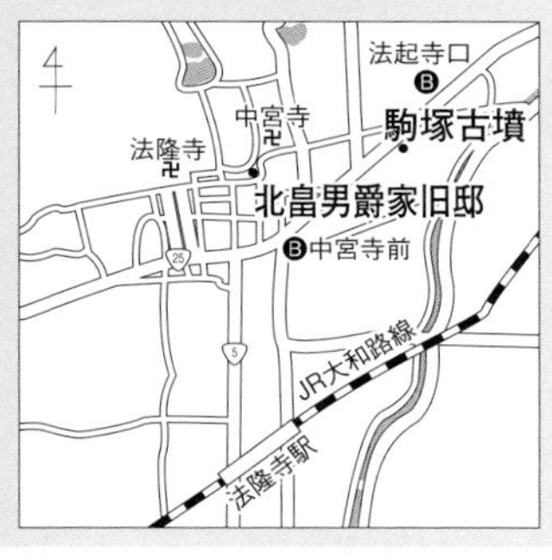

天理・斑鳩

冷泉為恭終焉の地

「史跡　岡田為恭遭難之地」と刻まれた小さな碑。
今は線路脇の草の茂みの中にある。

冷泉為恭筆　枝桜図角盆
奈良県立美術館蔵

内山永久寺跡

かつて寺内にあった池。平安時代、鳥羽天皇の勅願で創建。「西の日光」とも称された大寺院だったが、廃仏毀釈で全て廃絶。今は池の中島にある「内山永久寺紀念碑」のみが寺の存在を伝える。

北畠治房旧邸

治房が明治26年(1893)に建てたもので棟梁は法隆寺村の大工・西岡常吉。正面の長屋門では「和CAFÉ 布穀薗」が営業される。

北畠治房旧邸の玄関

上方に掲げられる「布穀薗」の額は有栖川宮熾仁親王(1835~95)の筆。親王と治房とは慶応4年(1868)の東征軍大総督時代から交流。

駒塚古墳　伴林光平の歌碑

光平の旧宅跡であるこの古墳に昭和18年(1943)建立される。表には光平直筆の辞世「君が代は巌とともにうごかねばくだけてかへれ沖つ白浪」が刻まれる。

五條から十津川へ（五條市・東吉野村・十津川村）――勤王の郷と天誅組の顚末

五條

五條代官所跡・櫻井寺

文久三年（一八六三）八月十七日、尊攘派志士の集団「天誅組」、五條代官所を襲撃し、代官・鈴木源内を殺害の上、放火。

土佐（高知県）の吉村虎（寅）太郎は、大和行幸（95頁）の先鋒となって民意の高揚につなぐべく公卿・中山忠光を擁して、幕府の五條代官所を襲撃、挙兵した。河内（大阪府）では水郡善之祐邸で陣営を整え、気勢をあげた。

文久三年八月十七日午後四時ごろ、天誅組は計画通り約八十名で武装し、五條代官所（現・五條市役所）に乱入した。はじめ、この急襲に代官所の役人たちは「何事か」と叫んだ。すると天誅組の志士は声高に「この度、天朝では関東御征伐を仰せ出され、近国取り締まりのため、中山忠光卿が当地へ下向されたので、その方も詔勅を畏み、支配の代官所、郷村を直ちに引き渡せ」と告げた。これに代官の鈴木源内が不満を訴えた時、槍で一突きにして血祭りにし、役人らと乱闘となる。結果、代官所の長谷川岱助、黒沢儀助、木村祐次郎、常川庄太郎が闘死、代官所にいたあんまの嘉吉も巻き添えで斬られた。代官所の者は捕らえられ、他の者は逃走した。引き上げの際、鈴木ら五人の首は槍の穂先に刺して、町内を練り歩いた。

その後天誅組は本陣を須恵村の櫻井寺に置き、寺の手水鉢で血のりの刀剣を洗った。そして五人の首を須恵村の仕置き場に三日間晒した後、極楽寺に葬った。

その後村役人の立会いのもと、天誅組は代官所を検分し、押収した武器は本陣へ運び、書類は村役人に渡し、道具類は村民らに下げ渡した。

▶五條代官所跡（五條市役所）
奈良県五條市本町1丁目1-1
【交通】JR和歌山線「五条」駅下車、徒歩約10分

▶櫻井寺
奈良県五條市須恵1丁目3-26
【交通】JR和歌山線「五条」駅下車、徒歩約7分
【情報】拝観時間:9時～17時

■東吉野

天誅組終焉の地（吉村寅太郎原瘞處）

文久三年（一八六三）九月二十七日、吉村虎（寅）太郎、鷲家口・銃弾に倒れる。

孝明天皇の大和行幸（95頁）の先鋒となり尊王攘夷の魁とすべく、土佐の吉村虎太郎は大和に挙兵を画策した。これが天誅組の変である。総大将の中山忠光は当時、十九歳。父は中山忠能で明治天皇とは姻戚にあたる。文久三年八月十四日の夜、回状によって土佐脱藩者十八名、久留米（福岡県）八名、刈谷（愛知県）三名、他藩の志士ら三十九名が京都の方広寺（東山区）に集結。伏見から淀川で船を下り、吉村はじめ刈谷の松本奎堂・備前（岡山）の藤本鉄石の三人が総裁に就任した。その後、気脈通じていた河内国（大阪府）富田林の大庄屋・水郡善之祐が軍資金を提供、農兵十名も加わり五十名に膨れ上がった。

八月十七日、幕府天領である五條代官所を襲撃し気勢をあげたが、京都では八・一八の政変で急進派公卿七人と長州勢が一掃され大和行幸も中止となったことにより天誅組は孤立。本陣を櫻井寺から天ノ辻に移して兵器や兵糧を徴収。さらに吉村と乾十郎は十津川（106～107頁）に入り「火急の御用」と触書を出して加入と募兵を呼びかけ兵力は約千名となったが、ほとんどが烏合の衆だった。

八月二十五日、高取城に夜襲をかけて攻撃したが固い防備の前に失敗した。幕府も天誅組追討を開始し、朝廷も天誅組を逆賊とする令旨を出したことにより、九月十五日には十津川兵が離反。こうして天誅組は総崩れとなった。鷲家口（東吉野村）に入ると彦根藩兵に包囲され、土佐の那須信吾が決死隊をもって突入、そのすきに中山忠光を長州に逃がした。九月二十七日、吉村は村外れの炭小屋に潜伏していたが、藤堂藩兵に包囲され、「残念」と発し銃で撃たれて没す。その後地元では吉村を「残念大将」と呼び、信仰した。

▶**天誅組終焉の地**（吉村寅太郎原瘞處）
奈良県吉野郡東吉野村鷲家1790
【交通】近鉄大阪線「榛原」駅から奈良交通バスで「鷲家」下車、徒歩約20分

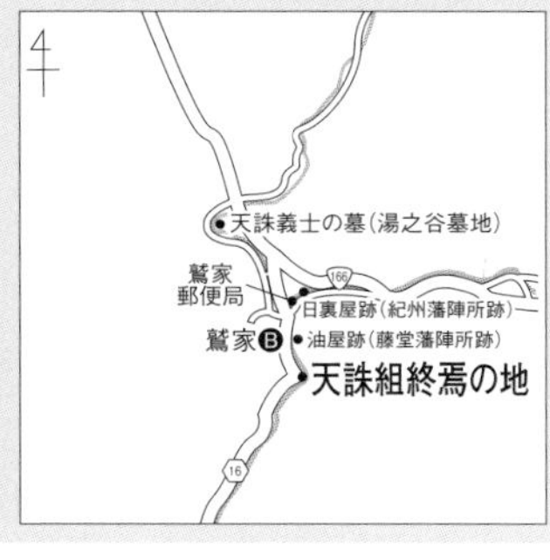

五條から吉野へ
―天誅組の史跡

櫻井寺の外観

現在の本堂は昭和42年(1967)に再建。建築家・村野藤吾の作品。
文久3年8月、天誅組はここを「五條仮政府」と称した。

五條代官所跡(五條市役所)

市役所前の一角に設けられた植え込みの中にある。

天誅組終焉の地(吉村寅太郎原瘞處)

鷲家川の畔の森の中にある。苔むす巨岩の下には「吉村寅太郎原瘞處」の碑が立つ。

天誅義士の墓(湯ノ谷墓地)

玉垣に囲まれて整然と並ぶ墓碑。天誅組参謀の藤本鉄石・松本奎堂がここに眠る。

□十津川

文武館創設地記念碑、十津川村歴史民俗資料館

元治元年（一八六四）五月、孝明天皇の内勅によって十津川に文武館を開館。

十津川の地名は、山深く港（津）から遠い地を意味するという。林業や狩猟を営み、武術に優れた郷士が生まれた。飛鳥時代の壬申の乱で天武天皇の下に出陣し、その功で諸税勅免地となったとの伝承もあり、十津川は古代から勤王の志厚く、尚武の精神が脈々と受け継がれた。

そして文久三年（一八六三）七月二十五日、朝廷より十津川郷士に「禁裏守衛」が命じられ、菊の御紋章付き「菱に十字」の紋許と旌旗を拝領した。この菱に十字の紋章はのちに十津川村と北海道の新十津川村の村章に採用される。

京都御苑の東の下切通新烏丸東入る北側には「十津川屋敷跡地」の碑があり、ここに十津川郷士の禁裏守衛詰所があった。建春門や賀茂社など警備して明治四年（一八七一）の解任まで勤めた。

十津川郷士のうち、中井庄五郎は伏見の寺田屋（34頁）で坂本龍馬と時世を談じ、同志の契りを結んだ人物で、田中光顕らとも親交があった。中井は田宮流居合術の達人で、その帯刀を高杉晋作が欲しがり、中井からこの刀を譲り受けた田中はのちに高杉に贈った。椅子に座って刀を差した有名な高杉の肖像写真に写る長刀は、この中井の愛刀であった。

土佐の那須盛馬（のち片岡利和）が、慶応元年（一八六五）一月のぜんざい屋事件（46頁）で新選組に追われ、十津川に身を隠していた時、中井は剣術指南を受け、その腕を見込まれて再び京都に入った。那須は田中とも親交があり、中岡慎太郎と会って土佐陸援隊に入隊、軍資金調達を受け持った。

慶応三年十一月の龍馬・慎太郎暗殺の時（23頁）、刺客が通行手形（107頁）を見せて十津川郷士の名を語ったのは、中井が訪ねて来たと思わせるためだった。そして中井は龍馬暗殺の仇討ちのため、京都の油小路正面の天満屋で紀州藩士・三浦休太郎を得意の居合で斬りつけて軽傷を負わせた後、新選組と闘い、討ち死にした。行年二十一歳、霊山（27頁）に埋葬された。余談だが慎太郎の暗殺時の短刀は、田中から那須に渡っており、那須は維新後に明治天皇の侍従となり、天皇の命により北海道視察を行っている。

また、同じく十津川郷士の吉田正義は、十津川村小原の生まれ。安政四年（一八五七）、滝峠に「護良親王御詠の碑」を建立して郷民の勤王思想の鼓舞に努め、文久三年三月に野崎主計ら同志と上京して勤王運動に参加、西郷隆盛、伊藤博文、中岡慎太郎ほ

十津川郷士の通行手形（十津川村歴史民俗資料館蔵）

郷士が禁裏守衛から連絡のために帰郷の際、携帯したもの

か志士たちと交流し、中沼了三の門人となる。また禁裏守衛の際は、京都の詰所で郷中の事務処理を行っている。慶応三年、陸援隊長の中岡の策を用いて、京都土佐藩邸で十津川郷中の壮士五〇名を選抜し調練を実施。この壮士たちが高野山挙兵（122頁）に参加している。

維新直後、禁裏守衛の十津川郷士に、伏見練兵場で洋式訓練に従うようにとの命令があり、賛成派と反対派で郷中が分裂、紛争する事態が起こった。正義は洋式操練に賛成、反対派を退け推進した。その結果、戊辰戦争では伏見練兵場から「十津川御親兵」として参加し、その名を天下に知らしめることとなる。

維新後、正義は兵庫区裁判所長や大阪始審裁判所奈良支庁長などを歴任して明治二十二年（一八八九）、宇智・吉野郡長となり、同四十一年三月に没している。

明治新政府は十津川郷士を、禁裏守衛と戊辰戦争の功績により士族に取り立てた。霊山墓地（京都霊山護国神社、27頁）には京都で没した十津川郷士のほとんどが、龍馬の墓の北側に埋葬されている。

十津川文武館は元治元年（一八六四）五月、孝明天皇の内勅により十津川村折立の松雲寺に、京都の学習院講師で天皇の侍講をつとめた儒者・中沼了三によって開設された。文武館開館に際し、吉田正義が上平主税とともに中沼を案内、折立・松雲寺での開館式に参列している。

「文武両道」の由来を持ち、その建学の精神は昭和二十三年（一九四八）に開校の奈良県立十津川高等学校へと受け継がれている。昭和十五年、紀元二千六百年の記念事業として、折立の住民が「文武館創設地記念碑」を建碑、碑文は文武館長だった浦武助が撰文している。十津川は今日も剣風に優れた剣士を輩出し、剣道範士九段の西善延は全日本剣道連盟副会長を務めており、十津川高等学校は県下有数の剣道強豪校である。

▶文武館創設地記念碑
奈良県吉野郡十津川村折立178-3
【交通】近鉄「大和八木」駅から奈良交通バス特急301・302（新宮八木線）で「折立口」下車、徒歩約5分

▶十津川村歴史民俗資料館
奈良県吉野郡十津川村小原
【電話】0746-62-0137
【交通】近鉄「大和八木」駅から奈良交通バス特急301・302（新宮八木線）で「十津川村役場」下車、すぐ
【情報】開館時間:9時～17時　休館日:火曜日、12月29日～1月3日　入館料:大人300円

十津川村歴史民俗資料館の内部

幕末維新期の展示コーナー(写真)には伴林光平筆「天誅組挙兵の檄」や坂本龍馬らと親交のあった郷士・中井庄五郎が所持の刀などが展示される。

十津川

十津川の旌旗を持つ郷士の像
十津川村歴史民俗資料館蔵

幕末期の郷士が着用した菱十字紋入りの羽織などを使って忠実に再現する。

文武館創設地記念碑

旧折立中学校の校舎の左手に建つ。昭和15年(1940)の建立で文武館長だった浦武助が設立の由来を詳細に記す。

滋賀

玄宮園から彦根城をのぞむ（彦根市金亀町）

大津から草津へ（大津市・草津市）―― 交通の要衝・湖南の幕末維新

■大津

川瀬太宰邸宅跡

慶応元年（一八六五）閏五月、新選組が川瀬太宰邸を捜索のため出動。

川瀬太宰の邸宅は、近江国膳所藩の正義派や志士が、しばしば密議の場所として使っていた。川瀬は文政二年（一八一九）膳所藩家老・戸田資能の四男に生まれ、諱は定、狂斎と号した。京都の聖護院門跡の家臣で園城寺寺侍の法眼・池田恭雄の養子となり、養女の幸と結婚し川瀬太宰と名乗った。川瀬は儒学者として天文、地理も修め、著書に『日影表』『江州常図』『辺海築城議』がある。

膳所藩は譜代大名で六万石、川瀬は藩主の本多康穣に勤王論を説いており、勤王派の志士二、三十名が川瀬邸を往来、夜は三井寺で密議するようになった。また蛤御門の変（一八六四年七月）では敗走する長州兵を夫婦で庇護したという。

慶応元年閏五月十三日、膳所藩士の高坂三郎左衛門が会津藩士・酒井伝次に藩内の川瀬の事情を話したが、それが会津藩家老の田中土佐に洩れた。将軍・徳川家茂は上洛にあたり膳所藩に一泊の予定であったが、万一不慮の事（暗殺）になれば膳所藩は取り潰しの責任を免れない。こうして将軍の膳所宿泊は変更された。この膳所城事件が発端となり、勤王派三十数名が捕らえられ、弾圧された。

川瀬は京都守護職・松平容保の命で、幕吏に京都の雲母峠で捕らえられた。その三日後の慶応元年閏五月、新選組の佐野七五三之助らと京都町奉行所が川瀬の自宅を探索。その時、妻の幸は長州の志士らに累が及ぶのを懸念して、川瀬の書類を焼き捨て匕首で自殺を図った。このことに怒った幕吏は、幸に暴行して引き上げたが、幸は憤り、絶食し閏五月二十六日に死去した。川瀬は慶応二年六月七日、京都六角獄舎（20頁）で斬首された。川瀬夫妻は大津市小関町の池田家墓地に眠る。また京都霊山護國神社（27頁）にも墓碑が設けられる。

大津

梅田雲浜湖南塾址碑

天保十二年（一八四一）頃、梅田雲浜、大津に湖南塾を開塾、同十四年に京都の望楠軒の講師となり、尊攘派志士の先鋒となる。

梅田雲浜は文化十二年（一八一五）小浜藩士・矢部岩十郎の子として若狭国（福井県）小浜に生まれた。源次郎と称したが、近くの海岸にちなみ雲浜・湖南と号した。小浜藩は譜代大名で十万石、藩主の酒井忠義は、幕府への忠誠から日和見であり、勤王の志のある雲浜は藩を飛び出し、江戸で山崎闇斎の朱子学（崎門派）を学んだ。この朱子学は大義名分を重んじ、厳格な君臣の上下を貫くことを説いた。

京都では青蓮院門跡の信任が厚く、雲浜は大津に寓居して儒者の上原立斎に入門、やがて私塾・湖南塾を開く。また医師・鳴尾順造の媒酌で立斎の娘の信を妻に迎えた。

湖南塾には頻繁に勤王の志士らが出入りしていた。ある時から大和国五條の乾十郎が住みついたが、貧乏で養うこともできなかった。そこでアヒルが高く売れると聞き、飼って儲けたという。また雲浜の学識を知り、三井寺の学僧に講義を頼まれたが「僧侶に教える学問はない」と固辞し、信念を貫いた。

京都堺町にあった崎門派の塾・望楠軒で雲浜は塾生と多彩な人脈をもつことになる。雲浜は熊本藩の儒者・横井小楠を福井藩の政治顧問に推挙、一方で長州藩の京都物産所を開設するなど経済にも明るく、長州の豪商・白石正一郎に薩摩との交易を提言し、薩長と友好の足掛かりを作ったという。

また弟子の行方正言を大和国十津川（106〜107頁）に遣わし、郷士での十津川隊を組織。ロシア艦隊ディアナ号が大坂湾に現れた時（一八五七年）、十津川隊の野崎主計・上平主税らを引き連れて大坂へ走っている。この時、妻の信は肺病で二人の子どもを残し、後ろ髪引かれる思いで「妻は病床に臥し、児は飢えに叫ぶ」と詠んだ。だが雲浜は安政六年（一八五九）の大獄で幕政を批判した廉で摘発され、拷問の末に獄中で病死。行年四十五だった。

▶川瀬太宰邸宅跡
滋賀県大津市尾花川11-16
【交通】JR湖西線「大津京」駅、京阪石山坂本線「京阪大津京」駅下車、徒歩7分

▶梅田雲浜湖南塾址碑
滋賀県大津市大門通5-1　大津市立長等小学校正門前
【交通】京阪石山坂本線「三井寺」駅下車、徒歩7分。JR湖西線「大津京」駅下車、徒歩約15分

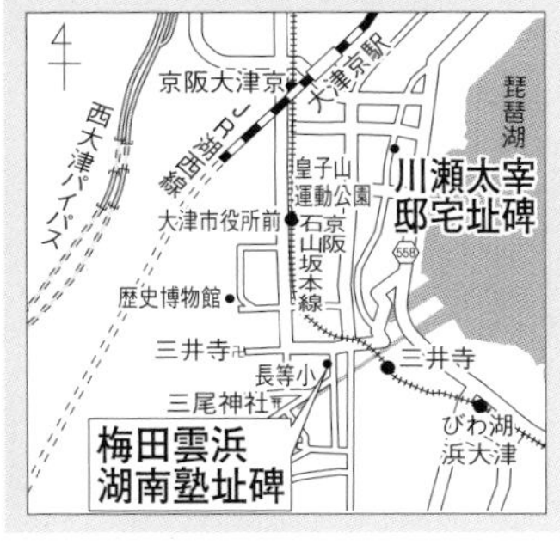

川瀬太宰邸宅跡の碑

碑の文字は、旧膳所藩士で東宮（昭和天皇）御学問所御用掛などを務めた杉浦重剛（1855〜1924）の書。大正11年（1922）建立。

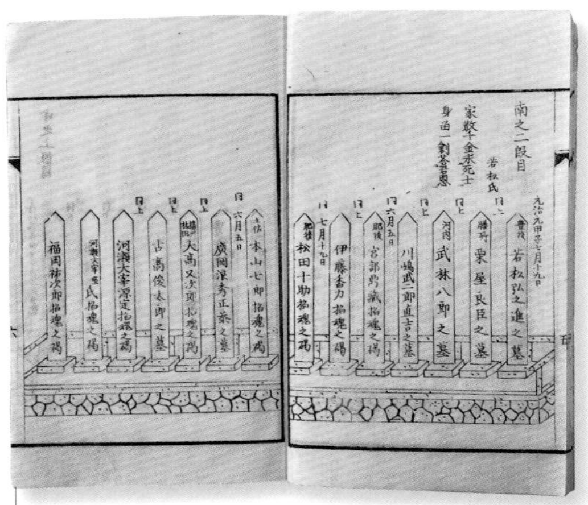

『赤報義士 洛東霊山　隠玖兎岐集』に収載の川瀬太宰夫妻の墓碑の図　霊山歴史館蔵

隠玖兎岐集は慶応4年（1868）の刊。図の川瀬太宰夫妻の墓は、京都霊山護國神社（29頁）に現存する。

大津

梅田雲浜湖南塾址碑

長等小学校の校門脇に立つ。碑の文字は中国哲学者の内田周平(1854～1944)の書。大正12年(1923)の建立。

梅田雲浜画像(部分)
霊山歴史館蔵

史跡 草津宿本陣

慶応元年（一八六五）五月九日、江戸から帰京途次の土方歳三ら新選組隊士三十二名、草津宿本陣に宿泊。

東海道は、全長百二十六里六町一間（約四百九十キロ）で、五十三の宿駅がある。参勤交代で往来した大名は約百五十家あり、京都から江戸まで二週間の旅であった。天保年間（一八三〇～四四）の草津宿には本陣二軒、脇本陣二軒、旅籠屋七十二軒、宿内の戸数五百三十六軒であった。本陣は幕臣・大名・宮家・公卿、門跡らの休宿所である。脇本陣は本陣に準じ、主に大名の家臣が泊まり、一般の旅行者も宿泊できた。また旅籠屋は広く一般の旅人が利用した。草津宿本陣が栄えたのは東海道、中山道の往来の分岐点のためで、まさに交通の要衝であった。

草津宿の本陣には田中七左衛門本陣と田中九蔵本陣の二軒があった。現存するのは七左衛門本陣で、材木商を営み庄屋、問屋役人もつとめた。本陣の史料は約一万四千点あるが、平成三十年（二〇一八）、史料の一つ「御失念物」（忘れ物）の中に新選組の忘れ物が見つかり話題となった。

忘れ物は煙管入れと付属袋で、付箋の書き付けから、「大福帳」の慶応元年五月九日にある土方歳三・斎藤一（はじめ）、伊東甲子太郎（かしたろう）、藤堂平助を含む新選組隊士三十二名が、七左衛門本陣に投宿した時に忘れていったことが判明した。「大福帳」の記述によると、一人につき二百五十文の謝礼と、蠟燭代二十四文の心づけを支払っていた。当時心づけは利用者によって異なるが、部屋の燭台、蠟燭の数で支払う習わしがあった。新選組の誰の忘れ物かはわからないが、忘れ物があった「壱番間」が格式の高い「上段の間」を指すならば、土方歳三の所持の可能性もある。

また皇女和宮（かずのみや）は、文久元年（一八六一）十月二十二日、将軍・家茂に降嫁のため中山道経由で江戸に向かう途中にこの本陣へ昼食を摂るために立ち寄っており、「和宮御方様御下向御道中御次献立帳」（個人蔵）をもとに和宮の昼食が再現、展示されている。

▶史跡 草津宿本陣
滋賀県草津市草津1丁目2-8
【電話】077-561-6636
【交通】JR琵琶湖線「草津」駅下車、徒歩約10分
【情報】開館時間:9時～17時　休館日:月曜日、祝日の翌日、12月28日～1月4日
入館料　大人240円

湖東・彦根（愛荘町・彦根市）――井伊直弼の本拠地と維新の魁

■愛荘

金剛輪寺 水雲閣

慶応四年（一八六八）一月八日、金剛輪寺の水雲閣において、赤報隊結成。

赤報隊は松峯山・金剛輪寺で慶応四年一月八日に結成の草莽隊であった。王政復古の大号令（慶応三年十二月）により薩摩・長州藩は諸隊を結成、赤報隊は西郷隆盛、岩倉具視らの支援を受け、隊名は「赤心を持って国恩に報いる」に拠る。盟主として公家の綾小路俊実、滋野井公寿を擁し、隊長は相良総三であった。一番隊から三番隊で編成した。相楽は天保十年（一八三九）に下総国相馬（茨城県取手市）の豪農・小島兵馬の子に生まれ、関東を中心とした攘夷派天朝組の赤城山挙兵を援助、天狗党挙兵にも参戦し敗走した。京都にきて西郷隆盛、大久保利通らと武力討幕を画策するものの大政奉還で挫折。しかし旧幕府による江戸薩摩藩邸焼き討ちが鳥羽伏見の戦い、戊辰戦争への導火線となり、相楽らはこれを好機と赤報隊結成の足掛かりとした。

金剛輪寺が赤報隊結成の地となった経緯は、この寺が京都の曼殊院門跡の末寺であり、盟主・滋野井の側近で曼殊院の家人の山本太宰が同寺に照会手配したという。そして山内の明壽院庭園の茶室・水雲閣で赤報隊の隊士が密談、結成した。赤報隊は新政府の許しを得て、東山道鎮撫総督指揮下の先鋒隊をつとめた。赤報隊は旧幕府に対して不満をもつ農民に「年貢半減」を確約したが、しかし新政府はこれを現実的に不可能とし、触書の文書も出さず、相楽らが勝手に触れ回ったとした。こうして赤報隊は官軍の名を騙り、沿道で勝手に金銭を徴収したことから「偽官軍」と見做された。二月十七日、東山道軍は信濃（長野県）各藩に赤報隊捕縛を命じ、三月三日、下諏訪で相楽総三、渋谷総司ら八名が捕縛、斬首された。

▶金剛輪寺
滋賀県愛知郡愛荘町松尾寺874
【電話】0749-37-3211
【交通】JR琵琶湖線「稲枝」駅から、愛のりタクシーあいしょう金剛輪寺線で「金剛輪寺」下車、すぐ
【情報】拝観時間:8時30分～17時　入山料:大人600円

慶応元年の宿帳「大福帳」に見える
新選組宿泊の書付部分（上）と
新選組隊士が忘れていった煙管入れ（下）
草津宿本陣蔵

平成30年の調査で、土蔵の引き出しから発見された。付けられた紙札には「新選組様　五月九日御泊　壱番間ニ御失念物」と書かれる。

草津

草津宿本陣の外観　国史跡

文久元年（1861）の降嫁、そして明治7年（1874）の東京行きの時も、皇女和宮はこの本陣を利用している。

茶室「水雲閣」　次の間　金剛輪寺明壽院庭園

天保年間(1830〜44)の建立で、天井の格子の一つ一つに花卉の図が描かれる。
貴族趣味豊かな空間。隣は二畳台目の茶室。

愛荘

茶室「水雲閣」外観

池に向かって懸造(かけづくり)となる特殊な構え。

埋木舎

天保二年（一八三一）、井伊直弼、埋木舎で生活を開始。以後十五年にわたり禅、国学、和歌、武道、茶湯など学問、芸道を研鑽する。

井伊直弼が十七歳から三十二歳までの青年時代に住んだ屋敷を埋木舎と名づけた。埋木舎は尾末町北屋敷にあり、もとは叔父の直容・直致が住んでいて、その後に直弼が移り住んだ。間口約三十六間、奥行約十九間半、約七百坪の広大なもので、まわりは中級藩士の屋敷が立ち並んでいた。

埋木舎の創建年代は解体修理時に見つかった瓦の銘から宝暦九年（一七五九）頃と考えられている。明治四年（一八七一）に直弼側役の大久保小膳が多くの功績により藩庁から「埋木舎」を贈られた。以来、約一五〇年にわたり大久保家によって保存されてきた。明治期に地震で崩壊し再建された玄関周りを直弼時代の姿に復元。損壊した南棟の解体修理などを経て、平成三年から一般公開された。

直弼は「さつ事もうきも聞しや埋木のうもれてふかきこころある身ハ」と詠んでいる。浮世離れしたこの埋木舎で、世を見る心も深いものを感じずにはいられない。この住処で一生終わるとも、成すべき業は成し遂げる気概だけは失いたくないという歌意である。

直弼は十四男のため、わずか三百俵の扶持に甘んじ、果てしない時間と対話しながら禅に傾倒し、武芸に通じ心身を鍛え、特に居合（居相）術は免許皆伝の腕前となった。居合の仮想敵は自らの姿であり「動く禅」といわれていた。直弼は黙々と鍛錬、新心流の一派を確立し「七五三柔居相秘書」を著した。また茶道は石州流を学び、邸内の茶室を澍露軒と名づけて宗観と号し、一期一会の精神を纏めた著作『茶湯一会集』を残している。作陶も好み、作られた楽焼の茶器は趣があり、地元の湖東焼を奨励し秀作の制作を援助した。その他にも「茶歌ポン」にあだ名されるほどに和歌や能楽を極めるなど、文武両道の修養に励み、平和的な文化人の片鱗をのぞかせた。

天保十三年、直弼二十八歳の時、埋木舎で長野主膳（義言）と国事について三日三晩夜を徹して談じた。主膳の出自は肥後国（熊本県）にあるとされるが不明。嘉永三年（一八五〇）、直弼の彦根藩主就任（三十六歳）とともに藩の国学方となり、四十四歳で大老になるとその腹心として活躍。安政の大獄ではその検挙の中心人物として恐れられたが、桜田門外の変による直弼横死後の文久二年（一八六二）八月に投獄、斬首された。

■彦根城

金亀公園 井伊直弼銅像

安政五年（一八五八）四月二十三日、井伊直弼、大老に就任。

彦根城に隣接する金亀児童公園に井伊直弼の銅像が毅然と立つ。明治四十三年（一九一〇）、直弼没後五十年に際して彦根護国神社に隣接する尾末公園に直弼の銅像が建てられたが、太平洋戦争中の供出で姿を消し、昭和二十四年（一九四九）に再び護国神社境内に建立、同三十三年、現在地に移築されたのがこの銅像である。この銅像について調べると、横浜市掃部山公園にある直弼銅像に辿り着いた。

明治四十二年、井伊家の所有地だった掃部山に「正四位上左近衛権中将掃部頭」の衣冠束帯姿の直弼の銅像が建立される。金亀公園の直弼像と同様の、孝明天皇から拝領した位階に沿った正装の直弼像で高さ三・六メートル、台座は六・六メートル、原型作者は藤田文蔵、鋳造は岡崎雪聲であり、明治二十年頃に旧彦根藩士の有志らによって大老銅像建碑委員会が創設され、彼等によって建立されたものである。

井伊直弼は黒船来航に際して開国を決断、大老就任の約二カ月後の六月十九日に日米修好通商条約に調印した「開国の父」である。条約調印の際に孝明天皇の勅許を得ず、事後報告に終始したことについて朝廷をはじめ志士らが非難の声をあげた。将軍継嗣問題でも徳川家茂を選び、吉田松陰をはじめ反対派を次々と安政の大獄で厳罰に処した。その結果、安政七年三月三日、水戸・薩摩の志士らによって桜田門外で暗殺される。

その後、明治末期となると井伊大老の英断が近代日本と繋がったと評価され、横浜開港五十周年にあたり、開港に尽力した直弼の顕彰と銅像建設運動が起こったが、銅像建設に反対し中止を促したのが当時の神奈川県知事・周布公平であった。周布の父は長州の周布政之助であり、吉田松陰を斬首した井伊は許しがたい存在であった。また銅像建設には山県有朋や伊藤博文、井上馨など長州系の政府高官も難色を示したと伝える。

▶埋木舎
滋賀県彦根市尾末町1-11
【電話】0749-23-5268
【交通】JR琵琶湖線「彦根」駅下車、徒歩約10分
【情報】開館時間:9時～17時　休館日:月曜日、12月20日～2月末日　入館料:大人300円

▶彦根城
滋賀県彦根市金亀町
【電話】0749-22-2742
【交通】JR琵琶湖線「彦根」駅下車、徒歩約15分
【情報】開城時間:8時30分～17時　入城料:大人800円（玄宮園のみ:大人200円）
※井伊直弼銅像は玄宮楽々園に隣接する金亀児童公園にあります。

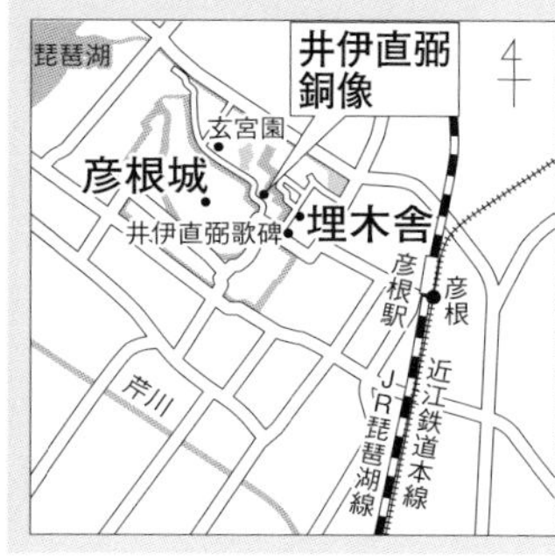

埋木舎の御居間　国特別史跡

直弼の時代そのままの建物で、直弼はこの部屋で寝起きし学問、著述に打ち込んだと伝える。前庭にはかつて柳が植えられており、これに因み直弼は「柳王舎」とも号した。

彦根

井伊直弼銅像　金亀児童公園

正四位上左近衛権中将掃部頭の正装姿の直弼像。本銅像は二代目で、初代は明治43年(1910)に市内の護国神社に建てられていた。

和歌山

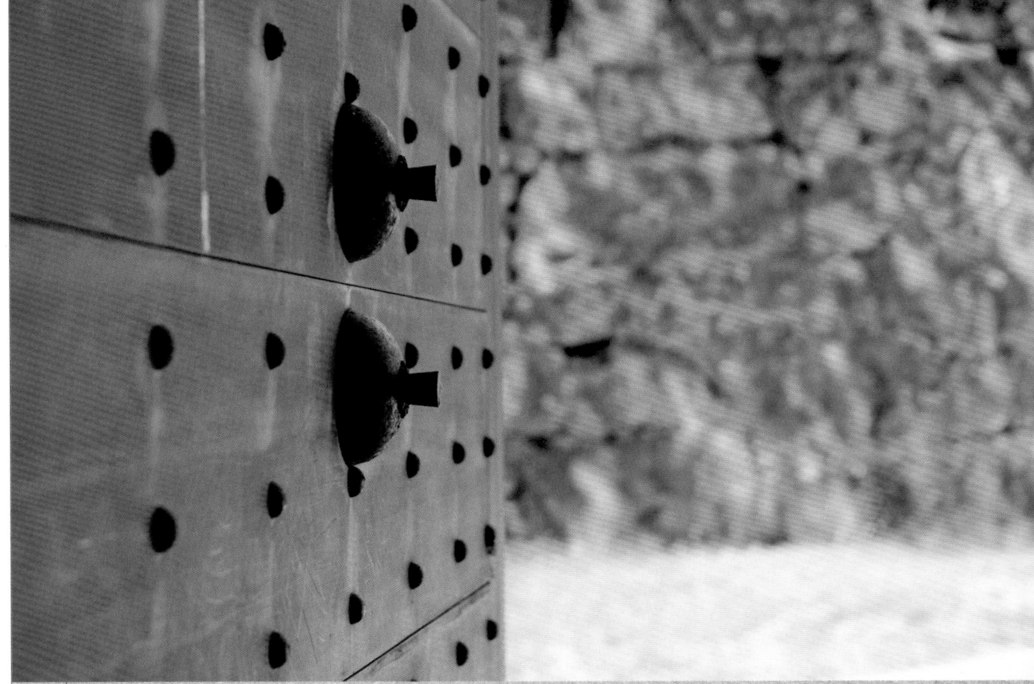

和歌山城　追廻門（和歌山市一番丁）

高野山・和歌山（高野町・和歌山市）――御三家・紀州藩のご一新

■高野山

西室院（金光院の遺構）

慶応三年十二月十二日（一八六八年一月二日）、土佐陸援隊、鷲尾隆聚を擁して高野山で挙兵。紀州藩、恭順する。

慶応三年十二月十二日、土佐陸援隊と十津川郷士百余名が高野山の金光院を本陣に、謹慎中の公家・鷲尾隆聚を擁して挙兵した。「高野山義軍」「高野山挙兵」と呼ばれる。金光院は維新後に廃絶するも、境内地や堂宇は明治十四年（一八八一）に西室院に受け継がれ、現在、本陣として使われた上段の間や山門など、挙兵当時の姿を見ることができる。

中岡慎太郎の土佐陸援隊は坂本龍馬の土佐海援隊とともに両援隊とよばれて活動していたが、慶応三年十一月十五日、京都の近江屋で龍馬・慎太郎が暗殺されると活動は停止した。公家の岩倉具視は、中岡や薩摩と同じく武力討幕論者であったが、朝廷は公家がみだりに志士らと密会を持つことを厳しく制限していた。そこで岩倉から密命を受けた鷲尾は、自邸内に剣術道場を設けて、自ら竹刀を握って志士らと稽古をし、勤王の志ある者を集めた。そして十二月八日、鷲尾は陸援隊が主だって、御三家の紀州徳川家を牽制する意味から高野山挙兵を企てた。なおこの挙兵は中岡慎太郎の、生前からの遺策だったという。

王政復古の大号令で勢いづいた田中顕助（光顕）ら陸援隊は、土佐藩京都白川邸（京都大学農学部付近）から小銃百余挺を持ち出し、岩村高俊らと高野山に向かう。十四日、金光院を本陣とした義軍は、錦の御旗を掲げて紀州藩や近隣諸藩へ朝廷への恭順を訴えた。すると賛同する者が参集、千三百名に達した。十六日、紀州藩は苦渋の末、鷲尾のもとに恭順の使者を送っている。

▶西室院
和歌山県伊都郡高野町高野山697
【電話】0736-56-2511
【交通】南海高野線「高野山」駅からバス（奥の院行き）で「一心口」下車、徒歩約2分
【情報】宿坊寺院です。

■和歌山市

和歌山城 追廻門、岡公園 陸奥宗光銅像

慶応二年（一八六六）、津田出、紀州藩の藩政改革のために登用される。のち和歌山藩大参事として徴兵制を実施。

和歌山城は、御三家の紀州徳川家の居城で元和七年（一六二一）初代藩主の徳川頼宣が大規模な改築・整備を行った。現在の天守は昭和三十四年（一九五九）の復元だが、岡口門や追廻門などは江戸初期当時の姿を残している。

幕末期、紀州藩の徳川家茂が十四代将軍に就任、第二次長州征伐で紀州藩は先鋒隊として出陣したが、莫大な軍事費の出費で藩は財政難に陥った。慶応二年、藩政改革のために津田出を登用したが保守派の反撃のため失脚、急進改革派の奥祐筆組頭・田中善蔵は追廻門で暗殺された。門の近くに善蔵の顕彰碑が建つ。

鳥羽伏見の戦いの際、紀州藩が旧幕府の敗残兵を江戸に脱出させたことを新政府は咎め、厳罰を下そうしたが、新政府内にいた紀州藩出身の陸奥宗光は岩倉具視に、紀州の藩政を津田出に改革させて天皇に忠義を尽くすことを確約した。これを機に津田が再度藩政改革に着手する。紀州藩の初代戍営都督に就任した津田は明治二年（一八六九）、改革の綱領を発表。藩士の禄の大幅削減と徴兵制を実施して近代的な軍隊育成を目指し、ドイツ人カール・ケッペンを招聘してプロシア式軍事教練を導入し、全国最大級の約二万人の精鋭軍を築いた。

また軍服・軍靴の原料である綿ネルや皮革に和歌山産を大量に使い、地場産業を繁栄させた。こうした大胆な津田の改革とその手腕を新政府は高く評価し、大蔵少輔、陸軍少将に採用している。

城の南側の岡公園には陸奥宗光の銅像が立つ。幕末期、神戸海軍操練所（74～75頁）で坂本龍馬とともに学び、海援隊の一員となった陸奥は維新後も近代日本の樹立には廃藩置県が不可欠と説くなど活躍。しかし土佐立志社事件の政争に巻き込まれ、五年間投獄された。出獄後は駐米公使となり渡米、第二次伊藤内閣では外務大臣としてその才能を発揮、「陸奥外交」「カミソリ大臣」と呼ばれた。

▶和歌山城 追廻門
和歌山市一番丁
【交通】JR紀勢本線「和歌山」駅から和歌山バスで「県庁前」下車、徒歩約3分

▶岡公園 陸奥宗光銅像
和歌山市岡山丁3
【交通】JR紀勢本線「和歌山」駅から和歌山バスで「岡山町」下車、すぐ

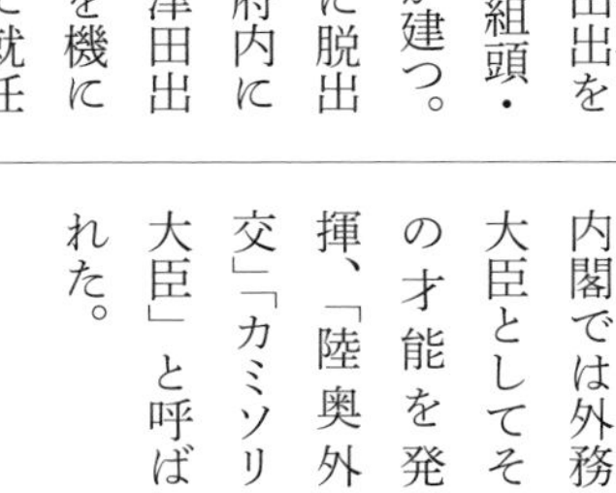

南海本線
和歌山市
JR紀勢本線
和歌山市駅
市堀川
和歌川
24
天守閣
陸奥宗光
銅像
追廻門
和歌山城公園
岡公園
和歌山大付属小
カール・ケッペン寓居跡碑

西室院　上段の間

高野山挙兵の際、本陣として用いられた金光院の庫裏の一室。襖絵は、京都の絵師・原在中（はらざいちゅう）一派によって描かれたもの。

高野山

高野山西室院　山門と外観

和歌山城　追廻門

元和5年(1619)の建立。ここで急進改革派の田中善蔵が暗殺された。門の外の植え込みの中には善蔵の顕彰碑が建つ。

和歌山

陸奥宗光銅像　岡公園

昭和46年(1971)、財界人によって建立された。陸奥の略歴や年表を記した解説板も設けられる。

カール・ケッペン寓居跡碑

和歌山市吹上にある。彼は紀州藩兵制改革の際、指導に当たったドイツ人将官。

関連年表

年	月日	事項	頁
1831 天保2年		井伊直弼、埋木舎にて生活を開始。	118頁
1838 天保9年		緒方洪庵、蘭学塾「適塾」を開塾。	42頁
1842 天保12年頃		梅田雲浜、大津に湖南塾を開塾。	111頁
1847 弘化4年		川路聖謨、奈良奉行に就任。奈良市中へ桜・楓の植樹を実施。	94頁
1849 嘉永2年		川路聖謨、『神武御陵考』を著す。	94頁
1853 嘉永6年	6月3日	ペリー、浦賀に来航。	
1854 嘉永7年	3月3日	日米和親条約締結。	
1858 安政5年	4月23日	井伊直弼、大老に就任。	119頁
	6月19日	日米修好通商条約調印。	
	12月1日	紀州の徳川家茂、14代将軍となる。	
1859 安政6年	9月14日	梅田雲浜、安政の大獄で拷問の末、病死。	111頁
1860 安政7年（万延元年）	3月3日	井伊直弼、桜田門外で襲撃される（桜田門外の変）。	
	3月23日	桜田門外の変の首謀者・高橋多一郎、大坂・四天王寺で自刃。	54頁
1862 文久2年	2月11日	将軍家茂、皇女和宮と婚儀。	114頁
	4月23日	薩摩藩の尊攘派志士たちが伏見の寺田屋で襲撃され排除、粛清される。	34頁
	8月23日	岩倉具視、和宮降嫁の件で落飾・蟄居を命じられる。	15頁
	閏8月1日	松平容保、京都守護職に就任。	
	12月14日	福羽美静ほか60余人の国学者、霊山に参集し、招魂祭を実施。	27頁
1863 文久3年		美作国津山藩の鋳工・百済清次郎、幕命により青銅製大砲を鋳造。	50頁
		京都守護職の松平容保、淀川両岸の台場建設を建白、勝海舟によって建設に開始。	58頁
	3月11日	将軍家茂、入洛。孝明天皇の両賀茂社の攘夷行幸に従う。	
	4月21日	明石藩主の松平慶憲、幕命により台場は築造。慶応元年に完成。	83頁
	5月	幕府、勝海舟の設計、灘の嘉納次郎作の工事請負により和田岬に台場を着工。元治元年に完成。	82頁
	6月3日	浪士組の芹沢鴨ら八名、大坂相撲の力士と口論の末、乱闘。	46頁
	8月3日	勝海舟の建議を受け、幕府、西宮と今津に砲台の建設を着工、慶応二年に完成。	67頁
	8月13日	大和行幸の詔が渙発、天皇の春日大社・神武天皇陵への行幸と攘夷祈願、親征など計画するも中止。	95頁
	8月17日	天誅組、五條代官所を襲撃し、代官の鈴木源内を殺害の上、放火（天誅組の変）。	102頁
	8月18日	八月十八日の政変により三条実美ら七卿が都落ち、同月二十一日、湊川の楠公墓碑に参拝の後、長州へ下向。	78頁
	9月18日	壬生浪士頭取の芹沢鴨、壬生屯所・八木邸にて近藤勇一派に暗殺される。	19頁
	9月21日	北畠治房、天誅組の変の最中に師の伴林光平とともに鷲家口から出発。	99頁
	9月27日	吉村虎太郎、鷲家口・鷲家の村境で藤堂藩兵に包囲され、銃弾に倒れる。	103頁
	10月10日	近藤勇、一力の大広間で在京周旋方と会談、公武合体を唱える。	26頁
	10月11日	河上弥市、平野国臣ら尊攘派浪士、生野で挙兵決行。翌12日、生野代官所に入る（生野の変）。	86頁
	10月13日	河上弥市ら尊攘派浪士13人、乱闘ののち妙見山麓（山口護国神社）で自刃。	87頁
1864 元治元年	5月	軍艦奉行・勝海舟の建言により幕府、神戸海軍操練所を設置。	74頁
	5月	孝明天皇の内勅によって十津川に文武館を開館。	106頁
	5月5日	冷泉為恭、大和国内山永久寺に逃亡中、大楽源太郎らに捕縛の上、殺害される。	98頁
	6月5日	新選組、三条木屋町の池田屋を襲撃、宮部鼎蔵等の尊攘派志士を殺傷、捕縛（池田屋事件）。	22頁
	6月28日	ジョセフ・ヒコ（浜田彦蔵）、英字新聞を日本語訳した日本最初の新聞「海外新聞」を発刊。	79頁

年	月日	事項	頁
	7月19日	蛤御門の変（禁門の変）勃発。	14頁
		京都町奉行・滝川具挙、六角獄舎の平野国臣ほか33人の志士を斬罪に処す。	18頁
		長州藩兵・山本文之助、尼崎藩内で捕縛され、その日のうちに自刃。	66頁
		禁門の変で長州藩が敗北後、桂小五郎、京都を脱出し但馬国出石に潜居。	90頁
	7月21日	真木和泉守、蛤御門の変に敗れた長州軍の殿軍をつとめ、十六人の志士とともに天王山に登る。幕府側と戦闘の後、全員自刃。	59頁
	8月2日	第1次幕長戦（長州征伐）。	
1865 慶応元年	1月8日	新選組の谷万太郎、弟・三十郎らと南瓦町のぜんざい屋を襲撃。土佐勤王党の志士を打ち取る（ぜんざい屋事件）。	46頁
	閏5月	新選組、大津の川瀬太宰邸を捜索のために出動。	110頁
	5月9日	江戸から帰京途次の土方歳三ら新選組隊士32名、草津宿本陣に宿泊。	114頁
	9月16日	英・米・仏・蘭四国艦隊、条約勅許、兵庫開港を要求のため、兵庫に来航。	70頁
1866 慶応2年	1月21日	薩長同盟成立。	
	1月23日	坂本龍馬、伏見奉行所の捕り手により襲撃され、逃走。	34頁
	6月7日	第2次幕長戦（長州征伐）。	
	7月20日	14代将軍家茂、大坂城で没。	50頁
	12月	津田出、執政太夫に任ぜられ、紀州藩の藩政改革のために登用。	123頁
	12月5日	徳川慶喜、15代将軍となる。	
1867 慶応3年		陸奥宗光、海援隊に加わり坂本龍馬と行動をともにする。	
	6月15日	坂本龍馬、京に入り酢屋に投宿。ここを拠点に活動する。	23頁
	6月15日	新選組、屯所を西本願寺から不動堂村に移転。	30頁
	10月6日	大久保利通と品川弥二郎、岩倉宅を訪問。岩倉、錦の御旗の製作を二人に託す。	15頁
	10月13日	二条城で在京各藩の重臣に大政奉還の意思を伝達、翌日成立。	18頁
	11月15日	近江屋において坂本龍馬と中岡慎太郎、暗殺される。	23頁
	11月18日	御陵衛士の伊東甲子太郎、本光寺門前で新選組隊士によって暗殺（油小路の変）。	31頁
	12月7日（1868年1月1日）	兵庫開港にともない、幕府、神戸村に外国人居留地と港の造成を行う。	70頁
	12月8日	陸援隊、鷲尾隆聚を擁して高野山で挙兵。紀州藩、恭順する。	122頁
	12月9日	王政復古の大号令。小御所会議。	
1868 慶応4年	1月2日	徳川慶喜の命を受け、旧幕府軍、大坂から伏見に向けて出陣。会津藩兵、伏見の京橋に上陸。	35頁
	1月3日	薩摩藩兵、大砲を城南宮の参道に配置。旧幕府軍と新政府軍、鳥羽の小枝橋で衝突し、鳥羽の戦い勃発。	38頁
		会津藩兵ら旧幕府軍、伏見奉行所に陣を張る。新政府軍と戦闘の末、焼失（伏見の戦い）。	35頁
	1月6日	徳川慶喜、大坂城から天保山に向かい軍艦・開陽丸で江戸に帰る。	50頁
	1月8日	近江・金剛輪寺の水雲閣において赤報隊が結成される。	115頁
	1月9日	新政府軍、大坂城に進撃。引き渡しの最中に旧幕臣ら城に放火して自害。	51頁
	1月11日	神戸の三宮神社前で備前藩兵がフランス人水兵と銃撃戦（神戸事件）。	71頁
	2月15日	堺港で土佐藩兵とフランス海軍の水兵らとの間で銃撃戦が発生（堺事件）。	62頁
	2月23日	妙國寺において堺事件に関与した土佐藩士二十名の刑が執行、うち十一名が切腹。	63頁
	5月15日	上野戦争勃発。大村益次郎、新政府軍を指揮。	
	9月8日	明治に改元。	
1869 明治2年		長州藩、蛤御門の変時に大坂で捕縛、獄死した藩士の遺骨を収集、埋葬し「死節群士之墓」を建立。	55頁
	9月4日	大村益次郎、京都三条木屋町にて襲撃され、重傷を負う。10月2日に大阪で死去。	43頁
1875 明治8年	2月11日	大久保利通・木戸孝允・板垣退助が井上馨・伊藤博文の仲介で花外楼に集結（大阪会議）。	47頁

【著者略歴】

❖木村幸比古 きむらさちひこ

一九四八年、京都市生まれ、霊山歴史館副館長を経て同館学術アドバイザー（近世思想史、幕末史、武道史）。全日本剣道連盟居合道範士八段。國學院大學文学部卒、維新史の研究と博物館活動で文部大臣表彰、京都市教育功労者表彰。高知県観光特使。NHK大河ドラマ「徳川慶喜」「新選組！」「龍馬伝」「花燃ゆ」「西郷どん」企画展示委員。NHK歴史番組「知恵泉」「歴史探偵」「ザ・プロファイラー」などに出演。

著書に『新選組全史』（講談社）、『沖田総司』『龍馬暗殺の謎』（PHP）、『京都・幕末維新をゆく』『幕末維新伝』（淡交社）ほか多数。

❖三村博史 みむらひろし

一九五五年、京都市に生まれる。写真家。地元和装業界紙を経て、一九九四年からフリーランスに。雑誌や広告の撮影を手がける一方、京都の風土をテーマにした作品づくりに取り組む。ライフワークとして撮影する舞踏の作品で個展を開催し、写真集「I am 舞踏派」を制作する。『京都・幕末維新をゆく』『新選組・京を行く』（淡交社）などの写真を担当。日本写真家協会会員。

行っておきたい　関西・幕末維新の史跡50選

2021年10月20日　初版発行

文	木村幸比古
写　真	三村博史
発行者	納屋嘉人
発行所	株式会社 淡交社
本　社	〒603-8588 京都市北区堀川通鞍馬口上ル
	営業　075-432-5156　　編集　075-432-5161
支　社	〒162-0061 東京都新宿区市谷柳町39-1
	営業　03-5269-7941　　編集　03-5269-1691
	www.tankosha.co.jp
デザイン	北尾崇（HON DESIGN）
印刷・製本	亜細亜印刷株式会社

ISBN978-4-473-04484-6